T0129723

essentials

Fabrizio Palmas · Peter F.-J. Niermann

Extended Reality Training

Ein Framework für die virtuelle
Lernkultur in Organisationen

Fabrizio Palmas
Technische Universität München
straightlabs GmbH & Co. KG
München, Deutschland

Peter F.-J. Niermann
Hochschule für angewandtes
Management
straightlabs GmbH & Co. KG
Grünwald, Deutschland

ISSN 2197-6708   ISSN 2197-6716   (electronic)
essentials
ISBN 978-3-658-34503-7   ISBN 978-3-658-34504-4   (eBook)
https://doi.org/10.1007/978-3-658-34504-4

Die Deutsche Nationalbibliothek verzeichnet diese Publikation in der Deutschen Nationalbibliografie; detaillierte bibliografische Daten sind im Internet über http://dnb.d-nb.de abrufbar.

Planung/Lektorat: Ann-Kristin Wiegmann
Springer Gabler ist ein Imprint der eingetragenen Gesellschaft Springer Fachmedien Wiesbaden GmbH und ist ein Teil von Springer Nature.
Die Anschrift der Gesellschaft ist: Abraham-Lincoln-Str. 46, 65189 Wiesbaden, Germany

Was Sie in diesem *essential* finden können

- Weshalb die digitale Transformation Digitale Kompetenz und neue Lern- und Weiterbildungskonzepte erfordert.
- Wie Immersion, Gamification, Storytelling als Elemente zukunftsgerichteter Lernanwendungen zukünftig Lernende fesseln und motivieren können.
- Was xR-Technologien sind und weshalb sie die technologische Grundlage für effektiveres Lernen mit einem besseren Transfer in die Praxis bilden.
- Welchen Beitrag ein menschenzentriertes Learning Experience Design zum Konzeptions- und Produktionsprozess einer innovativen Trainingsanwendung leisten kann.
- Wie diese Elemente erfolgreich in die Praxis des Produktionsprozesses einer Lernanwendung implementiert werden können und wie dieser gestaltet werden kann.

Vorwort

Die fortschreitende technologische Entwicklung hat bereits unsere Art zu kommunizieren, zu lernen, zu arbeiten und unsere Informationsaufnahme radikal verändert. Lernen ist der Motor einer wettbewerbsfähigen Gesellschaft und zugleich verantwortlich für den langfristigen Erfolg der Unternehmen. Jedoch sollten alle Stakeholder bereit sein, in das lebenslange Lernen, also Corporate Training, zu investieren. Extended Reality (xR)-Technologien bieten hierzu zahlreiche Vorteile. Um den Erfolg eines xR-Projektes zu sichern, werden ein sorgfältiger Learning-Experience-Designprozess und eine reibungslose Implementierung benötigt. Dieses Essential entwickelt eine Gesamtkonzeption für ein innovatives xR-Training inklusive seiner Teilelemente und bietet zu diesem Zweck notwendige interdisziplinäre Kenntnisse und den richtigen Mix aus Theorie und praktischen Guidelines.

Fabrizio Palmas
Peter F.-J. Niermann

Inhaltsverzeichnis

Über die Autoren

PhD(c) Fabrizio Palmas ist Creative and Technical Director der award-winning Firma straightlabs, Keynote-Speaker, Autor, Dozent mehrerer Universitäten und Leiter des technischen Kompetenzcenters New Learning an der Kalaidos Fachhochschule (Schweiz).

Technische Universität München & straightlabs GmbH & Co. KG

Website: www.fabriziopalms.com; E-Mail: f.palmas@str8labs.com

Prof. Dr. Peter F.-J. Niermann ist Professor für strategisches und internationales Management sowie Prodekan an der Hochschule für angewandtes Management (HAM), Gastprofessor an der Technischen Universität München (TUM) am Institute of Game Engineering und Managing Director von straightlabs, dem Expertenteam für Corporate Trainings in Extended Reality.

Hochschule für angewandtes Management & straightlabs GmbH & Co. KG

Website: www.straightlabs.com; E-Mail: info@str8labs.com

Einleitung – Digitale Kompetenz als Schlüsselkompetenz in der Arbeitswelt 4.0

Der Schritt in ein neues, technologisches Zeitalter oder, wie wir es heute nennen, die Digitale Transformation wird nur dann gelingen, wenn wir das Wechselspiel zwischen intelligenten, vernetzten Arbeitssystemen und dem damit einhergehenden kulturellen Wandel in Gesellschaft und Wirtschaft erkennen und akzeptieren. In der Arbeitswelt 4.0 erwartet uns ein vollkommen neues digitales Verständnis vom Zusammenspiel zwischen Mensch und Maschine. Doch gerade dieses digitale Verständnis oder, anders ausgedrückt, die digitale Kompetenz fehlt vielerorts in der Gesellschaft und in den Unternehmen. Laut einer KFW-Studie aus dem Jahr 2020 bremst der Mangel an Digitalkompetenzen die Digitalisierung des Mittelstands in Deutschland (Leifels, 2020; KFW, 2021). Der Mangel an digitaler Kompetenz ist nicht nur im Mittelstand spürbar. Selbst große Konzerne sind davor nicht gewappnet. Technologische Entwicklungen, insbesondere disruptive Innovationen, treffen gerade etablierte Unternehmen mit hohen Marktanteilen vielfach komplett unerwartet. Der Kodak- oder Nokia-Effekt zeigt, dass selbst Weltmarktführer an der Ignoranz gegenüber technologischen Entwicklungen scheitern und schließlich vom Markt verschwinden (Heinemann et al., 2016, S. 30).

Ganz ohne Frage wird die Digitalisierung die Jobsituation und die Jobrollen bereits in naher Zukunft radikaler verändern als jede industrielle Revolution zuvor. Gegenwärtig ist unser Aus- und Weiterbildungssystem die Grundlage des lokalen Arbeitsmarktes. Eine Grundlage, die auf das Curriculum der ersten industriellen Revolution zurückgreift, in der von Digitalkompetenz nicht die Rede war. Der Begriff 'digital' im heutigen Sinne geht auf das binäre Rechensystem der ersten Computer in den frühen 1940er Jahren zurück (Raveling, 2020).

Wie könnte ein möglicher Ausweg sowohl für den Mittelstand als auch für große Unternehmen aussehen? Kann Aus- und Weiterbildung eine mögliche Lösung für die fehlende Digitalkompetenz sein?

© Springer Fachmedien Wiesbaden GmbH, ein Teil von Springer Nature 2021
F. Palmas et al., *Extended Reality Training*, essentials,
https://doi.org/10.1007/978-3-658-34504-4_1

„Bis 2023 müssen rund 700.000 Personen vertiefte technologische Fähigkeiten erwerben, um den Bedarf der Wirtschaft an Tech-Spezialisten zu decken." (Kirchherr et al., 2018)

Doch was heißt eigentlich Digitalkompetenz und wie kann diese Kompetenz einen pragmatischen Zugang zu den heutigen Technologien ermöglichen? Digitalkompetenz ist in den 2020er Jahren ein mehrdimensionales Netz aus diversen Kenntnissen und Fähigkeiten, die mit der Weiterentwicklung der Technologien stets aktualisiert, neu definiert und verwandelt werden. Damit wird Digitalkompetenz zu einer grundlegenden Notwendigkeit für das Verständnis sowie für das Beherrschen des Umgangs mit Cyber-physischen-Systemen, also eine Grundkompetenz in der Digitalen Transformation.

„Digital Competence can be broadly defined as the confident, critical and creative use of ICT [information and communication technology] to achieve goals related to work, employability, learning, leisure, inclusion and/or participation in society." (Ferrari, 2012)

Die gute Nachricht ist, dass ein nicht unerheblicher Teil unserer Gesellschaft bereits, durch die rasant fortschreitende Integration vernetzter Technologien, wie bspw. Smartphones, in den Alltag, einen Teil dieser Grundkompetenz ohne großen Aufwand erlangen konnte. Der Einfluss vernetzter Technologien auf alle Aspekte des beruflichen und privaten Alltags ist kaum zu überschätzen. Unsere Kommunikation, die Verarbeitung und Aufnahme von Informationen, unsere Problemlösungsvorgänge, unser Arbeitsleben, unser Konsumverhalten und unsere Kultur sind hochgradig durch die alltäglich genutzten Technologien bedingt und geprägt.

Als Folge verändern sich das Wissen und die Fähigkeiten, die auf dem Arbeitsmarkt, im Bildungssektor sowie ganz allgemein im gesellschaftlichen Leben benötigt werden, radikal. Um auf die zukünftigen Anforderungen dieser Sektoren vorbereitet zu sein, sind wir gefordert die Grundkonzeption unserer Fähigkeiten neu zu denken.

Anstelle einer Fokussierung auf die Aneignung von Fachwissen, wie es bei herkömmlichen Bildungsformaten häufig der Fall war, ist es heute und zukünftig ratsam, den Fokus um übergreifende Kompetenzkomplexe, wie bspw. Selbstlernkompetenz oder digitale Problemlösungskompetenz, zu erweitern. Auch hinsichtlich der alltagsbestimmenden Technologien sollten deren konkrete Verwendung und ihr alltäglicher gesamtgesellschaftlicher Nutzen stärker in den Vordergrund rücken. Die alten Muster üblicher Bildungssysteme und -formate erschweren es uns beträchtlich, unsere so dringend benötigten digitalen Kompetenzen an die rasante Entwicklung der Digitalisierung anzupassen und diese effektiv zu nutzen. Dafür werden neue Ansätze für unser Lernverhalten und die Weiterbildung im Unternehmen benötigt. Im Folgenden diskutieren wir innovative Elemente und Herangehensweisen vom Aufbau über die Konzeption bis zur Umsetzung eines zukunftsweisenden Extended-Reality Trainings.

2 Bestandteile zukunftsgerichteter Trainingsanwendungen

2.1 Zielsetzung

Das Ziel einer Lern- oder Trainingsanwendung ist der bestmögliche Lerntransfer, um neue Kompetenzen zu erlangen. Wie kann nun dieses Ziel in einem virtuellen Training erreicht werden? Neben dem methodisch-didaktischen Konzept, den Trainingsinhalten, dem sogenannten Content und der Story sollen die Teilnehmer*innen in ein möglichst realitätsnahes Abbild der Realität eintauchen. Hierfür sorgen immersive xR-Technologien (siehe Abschn. 2.5). Dieser hohe Immersionsgrad soll dann den Lerntransfer in der virtuellen Realität möglichst optimal unterstützen. An diesem hohen Ziel misst sich nun auch der Aufwand und folglich die Kosten der technischen Umsetzung einer xR-Lernanwendung. Dem optimalem Lerntransfer liegen letzten Endes psychologische Mechanismen zugrunde, von denen einige nachfolgend diskutiert werden.

2.2 Präsenz in der Virtualität

2.2.1 Immersion

Der Begriff der Immersion beschreibt das Präsenzgefühl, das beim Eintauchen in eine virtuelle Umgebung entsteht. Diese wird dadurch nicht nur wahrnehmbar, sondern erlebbar. Nutzer*innen empfinden sich selbst nicht mehr als bloße Zuschauer*innen. Vielmehr erleben sie sich selbst als authentischen Teil der virtuellen Welt. Immersive Trainingsanwendungen nutzen dieses Gefühl zur Unterstützung des Lernprozesses. Diese intensivierte Wahrnehmung der eigenen

© Springer Fachmedien Wiesbaden GmbH, ein Teil von Springer Nature 2021
F. Palmas et al., *Extended Reality Training*, essentials,
https://doi.org/10.1007/978-3-658-34504-4_2

Präsenz wirkt sich positiv auf die Perzeption der in die virtuelle Welt integrierten Lerninhalte aus und fördert somit den Wissens- und Praxistransfer (Palmas, 2021).

2.2.2 Embodiment – Avatare

Die Interaktion mit der virtuellen Umgebung erfolgt über einen Avatar, der das Pendant zum eigenen Körper simuliert. Embodiment beschreibt das Gefühl, dass wir in der virtuellen Realität erleben, wenn wir von einem digitalen Avatar repräsentiert oder verkörpert werden. Auch wenn durch eine VR-Brille unser Blick auf die Außenwelt versperrt wird, spüren wir jedoch weiterhin unseren Körper in der Realität. In einem Großteil von VR-Trainingsanwendungen wird der eigene Avatar ausschließlich auf die Hände, als Werkzeuge zur direkten Interaktion, reduziert. In diesem Fall sehen und spüren wir unseren eigenen Körper im virtuellen Raum nicht. Die Illusion der eigenen Präsenz in der virtuellen Welt wird zwar aufrechterhalten, allerdings kann hier nicht von Embodiment gesprochen werden.

Dieses tritt dann ein, wenn beispielsweise beim Herunterblicken der Körper des eigenen Avatars sichtbar wird. Diverse Studien haben nachgewiesen, dass unser Gehirn das Gefühl einer illusorischen aber echt erlebten Wahrnehmung des digitalen Körpers verspüren kann. Doch dazu ist es erforderlich, dass sich die Animationen unseres Avatars an die eigenen Körperbewegungen anpassen. Dies gilt ebenfalls für taktile Erfahrungen, die sich mit dem Geschehen in der virtuellen Realität decken müssen (Waltemate et al., 2018).

Werden diese Aspekte beachtet, dann profitieren das Gefühl einer echten Präsenz sowie die Glaubwürdigkeit der gemachten Erfahrung davon immens. Durch die verspürten haptischen Reize empfinden wir uns als der Avatar, in dessen Haut wir schlüpfen. Avatare tragen also grundlegend zur Glaubwürdigkeit der geschaffenen virtuellen Welt bei. Sie sind die digitale Repräsentation von Personen. Wahlweise können die Nutzer*innen also über einen Avatar direkt an der virtuellen Welt teilnehmen. Um glaubwürdige, anatomisch korrekte Körper und Gesichtsformen zu schaffen, werden nahezu fotorealistische Avatare auf Basis realer Fotos kreiert und entwickelt (Gonzalez et al., 2020). In einem nächsten Schritt werden die künstlichen Charaktere animiert, ihnen wird Leben eingehaucht. Damit hierbei der höchstmögliche Grad an Natürlichkeit erreicht werden kann, werden die Körperbewegungen mit einem aus Animationsfilmen und Videospielen bekannten Motion Capture Verfahren aufgenommen und mithilfe spezieller Softwareprogramme anschließend auf die virtuellen Avatare übertragen. Für die

Aufnahmen tragen die Akteure, am besten Schauspieler, mit Sensoren ausge-
stattete Anzüge, während sie die gewünschten Bewegungsabläufe ausführen.
Zusammen mit einer fotorealistischen visuellen Darstellung der Avatare entsteht
durch die glaubhafte Animation des eigenen Avatars für den Lernenden ein glaub-
würdiges Gesamtbild, das ein starkes Immersionsgefühl erzeugen kann. Als Folge
kann auch der Lerntransfer verstärkt werden und die Lerninhalte bleiben langfristig im Gedächtnis verankert. Selbst die nonverbale Mimik, also die Aussagekraft
der Gesichtsausdrücke, kann mittels spezieller Facial Animation-Software auf-
gezeichnet und als natürliche Gesichtsbewegungen auf die virtuellen Avatare
übertragen werden.

2.2.3 Uncanny Valley-Effekt

Ein nicht zu unterschätzendes Hindernis auf dem Weg zu einer maximal glaub-
würdigen Darstellung ist der sogenannte Uncanny Valley-Effekt. Dieser, erstmals
in den 1970er Jahren von dem japanischen Robotik-Forscher Masahiro Mori
beschriebene, Effekt bezieht sich auf eine Akzeptanzlücke bei Betrachter*innen
digitaler Avatare. Je näher der Avatar einer fotorealistischen Abbildung kommt,
desto höher wird der Akzeptanzwert. Problematisch ist, dass es nahe dem Fotorealismus eine Schwelle gibt (das Uncanny Valley, siehe Abb. 2.1). An diesem Punkt
entwickelt der Betrachter hohe Erwartungen an den Realismus der Darstellung
und auch kleinere Unstimmigkeiten führen zu einem umso stärkeren Akzeptanz-
bruch. Erst wenn nur noch minimale Unterschiede zum Fotorealismus bestehen,
ist die Akzeptanz der Betrachter*innen wieder gewährleistet (Mori et al., 2012;
Tinwell, 2014).

2.3 Gamification – Die Motivation von morgen

Um Menschen zu bestimmten Handlungen zu motivieren oder sie mit Produkten
oder Services in Kontakt zu bringen, werden seit Beginn der 2000er Jahre unter
dem Begriff der ‚Gamification' typische Spielelemente und Spielmechanismen
außerhalb eines spielerischen Kontextes angewendet. Angelehnt an Mechanismen
aus der Gaming- oder Videospielindustrie können diese Spielmechaniken eigen-
ständige Lernprozesse unterstützen. Doch was heißt Gamification im Kontext der
Motivation und wie wirken diese Mechaniken im Detail?

   Gamification ist in der Lage, das Interesse Lernender zu fokussieren sowie zu
binden und somit den Lernerfolg zu begünstigen. Zudem kann Gamification auch

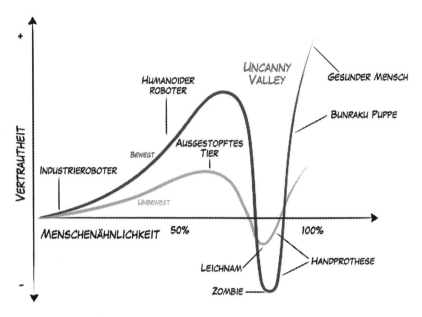

Abb. 2.1 Der Uncanney-Valley-Effekt

innerhalb einer Organisation zur Motivation von Arbeitnehmer*innen verwendet werden (Raybourn, 2014). Ausgehend von der Gaming- und Videospielbranche mit ihren extrem hohen Zuwachs- und Umsatzzahlen ist der spielende Mensch, der Homo Ludens, ein Teil des Fundaments für diesen Erfolg (Ehrmann et al., 1968; Bozkurt & Durak, 2018). Starke motivationspsychologische Effekte wie Mastery, Feedback, Eskapismus, Freude, Flow-Zustand, Herausforderungen und Errungenschaften entfalten bei gamifizierten Anwendungen ihre Wirkung. Dieser These liegt die Annahme zugrunde, dass wir als Menschen den ständigen Wunsch verspüren, Teil einer Gemeinschaft zu sein (Hamari et al., 2018).

Nach einer konsequenten Entwicklung sowie Umsetzung des Gamification Ansatzes steht ein Prozess, der darauf ausgelegt ist die Aufmerksamkeit der Lernenden anzusprechen und ihnen effektives Feedback zu bieten. Die passenden Prinzipien müssen bereits während des Designprozesses angewendet werden (Hamari et al., 2018). Studien aus dem entsprechenden Forschungsfeld haben ergeben, dass die Verwendung von gamifizierten Elementen in Lernumgebungen die Motivation und die Produktivität bei Lernenden erhöht, um letztlich das Lernergebnis zu optimieren. Dementsprechend ist Gamification ein ideales Tool, um

Change anzustoßen und neue Verhaltensmuster zu erlernen (Dicheva et al., 2015a, b). Des Weiteren ist die Flexibilität in der Anwendung von Gamification von Vorteil. Gamification kann zur Entwicklung spannender Erlebnisse beitragen, ohne Restriktionen bei der verwendeten Hardware oder in Form eines spezifischen Interfaces mit sich zu bringen (Nacke & Deterding, 2017). Hiervon kann ein Großteil aller Lernprozesse profitieren (Dicheva et al., 2015a). Dennoch sollte beachtet werden, dass ein mangelhaftes Design der spielerischen Elemente oder ein niedriger Akzeptanzwert auf Nutzerseite zu Problemen führen können (Palmas et al., 2019).

2.3.1 Begriffsdefinition und -abgrenzung von Gamification

Deterding definiert den Begriff der Gamification als „the use of game design in non-game contexts" (Deterding et al., 2011, S. 9). Somit werden, wie bereits erwähnt, bei der Gamification Spieldesigntechniken, -eigenschaften und -elemente in spielfremden Kontexten angewandt. Unter spieltypischen Elementen wird häufig eine Belohnung durch Punkte oder durch einen bestimmten Status zusammengefasst (Watson, 2014, S. 76). Um das ganze Potenzial des Gamification-Ansatzes für einen Lernprozess auszuschöpfen, sollte diese Definition erweitert werden. Zichermann betont in diesem Zusammenhang die engagierenden und problemlösenden Wirkmechanismen des Konzeptes (Marczewski, 2014):

„Gamification is the process of using game thinking and game dynamics to engage audiences and solve problems"

In der weiteren Forschung wurde die Wirkung von Gamification auf das Individuum untersucht. Einige Forschungsergebnisse zeigten, wie Gamification den Lernvorgang fördert und einen Handlungsimpuls auslöst sowie verstärkt (Kapp, 2012). Darüber hinaus konnte nachgewiesen werden, dass Gamification eine Verhaltensänderung herbeiführt, die für mehr Engagement und somit Lernerfolg sorgt (Zichermann & Cunningham, 2011, S. 14 ff.; Koch et al., 2014; Koch & Ott, 2012). Neben den positiven Auswirkungen auf das Engagement ergänzt eine Spielästhetik, in Form von positiven Erlebnissen für die Nutzer*innen, die Spielmechanismen und -dynamiken von Gamification. Die Nutzerakzeptanz von Gamification ist daher stark von Gefühlen und den daraus resultierenden Emotionen abhängig (Kapp, 2012, S. 11).

In der Diskussion um spielbasierte Lernformate werden Begriffe wie Serious Games oder Edutainment oft fälschlicherweise mit Gamification gleichgesetzt. Die folgende Diskussion soll die Abgrenzung der Begriffe deutlich machen. Ein Serious Game ist eine unterhaltend gestaltete, mit einem Spiel vergleichbare Anwendung, die gegenüber Gamification an bestimmte mediale Technologien gebunden ist. Das Ziel eines Serious Games ist ein spielerischer Lernvorgang, bei dem Skills oder Kompetenzen neu erlernt, aufgefrischt oder optimiert werden (Zyda, 2005, S. 26; Koch et al., 2013, S. 3; Kapp, 2012, S. 15). Die notwendigen Aufgaben und Inhalte werden direkt in die Spielwelt eingebaut. So können bestimmte Fähigkeiten gezielt angesprochen und ausgebaut werden. Beispielsweise können Sales-Mitarbeiter*innen intrinsisch dazu motiviert werden, ihr Verhandlungsgeschick zu verbessern (Kapp, 2012, S. 17).

Der Ausdruck Edutainment wird von den Begriffen Education und Entertainment abgeleitet. Dabei wird der Schwerpunkt auf die Wissensvermittlung gesetzt, wohingegen unterhaltsame Spielelemente nach der Trainingseinheit als Belohnung verwendet werden (Koch et al., 2013, S. 3).

Gamification bezeichnet hingegen nahezu universell anwendbare spielerische Designelemente und -Mechanismen.

2.3.2   Der Stellenwert von Gamification in der Gesellschaft

In europäischen Industrienationen nimmt der Anteil von Computerspielen an den Freizeitaktivitäten der Menschen stetig zu. Die Tendenz zu einem ausgeprägteren Videospielkonsum ist, bei Betrachtung der Umsatzzahlen der Branche, deutlich erkennbar (Palmas 2021). Diese rasant steigende Beliebtheit von Gaming- und Videospielen hat auch dazu beigetragen, dass Gamification bereits heute einen bedeutenden Stellenwert außerhalb der Gaming-Industrie einnimmt. Untermauert durch eine Vielzahl von Forschungen können wir beim Einsatz von Gamification von einem motivierenden Einfluss bspw. auf Lernende ausgehen. Dabei spricht Gamification mit den zugrundeliegenden Mechanismen vor allem grundlegende menschliche Bedürfnisse an. Auf Basis neurologischer und psychologischer Forschung wissen wir heute, dass Computerspiele in der Lage sind eine Vielzahl dieser Bedürfnisse zu erfüllen (Koch & Ott, 2012).

Spielen ist grundsätzlich eine freiwillige Handlung, die zudem intrinsisch motiviert ist. Im Kontext einer freiwilligen Handlung werden finanzielle, soziale oder statusbezogene Anreize in einem deutlich geringeren Maße zur Motivation benötigt. Das Prinzip der freiwilligen Handlung gilt ebenso in Computerspielen, selbst für das Erspielen von faktisch wertlosen virtuellen Objekten. Trotz diesem rein ideellen Wert verbringen Spieler viel Zeit mit dem Sammeln von Belohnungen (Werbach & Hunter, 2012, S. 10). Wird nun Gamification als freiwillige Handlung im unternehmerischen Kontext angewandt, besteht die Chance, dass sich die Spieler*innen, ganz ohne das Gefühl einer belastenden Tätigkeit, intrinsisch motiviert mit den Inhalten des Unternehmens auseinandersetzen (Burke, 2014). Durch den Einsatz der Spielprinzipien der Gamification lassen sich demnach, auch in spielfremden Kontexten, bei Mitarbeiter*innen eine Verbesserung der Motivation und eine Produktivitätssteigerung erreichen. Diese Wirkung von Gamification verstärkt die Motivation von Mitarbeiter*innen aller Altersgruppen.

2.3.3 Ethische Aspekte

Mit der immer größeren Verbreitung von Gamification und immersiven xR-Technologien kommen berechtigterweise zusehends ethische Fragestellungen auf. Wie bereits zuvor diskutiert ist für den Begriff sowie für die Anwendung von Gamification die freiwillige Handlung, das Spielen, maßgebend. Bereits der bekannte Kulturhistoriker und Spieleforscher Johan Huizinga (1872–1945) beschreibt das Spiel als eine freiwillige Aktivität einer Person. Doch bei allen positiven Attributen einer freiwilligen Handlung wird Gamification nach wie vor mit den negativ ausgelegten Begriffen von Manipulation oder Ausbeutung in Verbindung gebracht.

Unter ethischen Gesichtspunkten oder, wissenschaftlich formuliert, dem methodischen Nachdenken über die Moral, kann mit Hilfe von Gamification die Entwicklung hin zu einer besseren nutzer- und erlebnisorientierten Umgebung sinnvoll unterstützt werden. In der Regel beziehen sich ethische Fragestellungen im Kontext von Gamification auf den Datenschutz oder auf die Beeinflussung des Verhaltens und die Selbstständigkeit innerhalb einer gamifizierten Anwendung (Koch et al., 2014). Grundsätzlich können wir festhalten, dass nicht das Prinzip von Gamification die Schuld an möglichen negativen Auswirkungen trägt, sondern vielmehr Diejenigen, die die Spielregeln und -abläufe zu manipulativen Zwecken entwerfen. Um die manipulativen oder negativen Effekte zu vermeiden, sollten zusammengefasst die folgenden wichtigen Aspekte beachtet werden (Marczewski, 2021; Kim, 2018):

1. Ehrlichkeit: Bezüglich der gesammelten Daten der Nutzer*innen und bezüglich der Versprechungen an potenzielle Kund*innen.

2. Integrität: Beachtung lokalisierter sozialer Normen oder ethischer Richtlinien und in letzter Instanz der Menschenrechte. Vermeidung illegaler Tätigkeiten jeglicher Art und manipulativer Ansätze.
3. Transparenz: Offenheit bezüglich der Ziele der Anwendung, der gesammelten Daten und ihrer weiteren Verwendung.
4. Qualität: Streben nach der bestmöglichen Erfahrung für Nutzer*innen und Kund*innen.
5. Respekt: Respekt vor der Diversität in der Gesellschaft und Beachtung des ökologischen Fußabdrucks (z. B. CO_2-Emissionen) für alle Aspekte eines Projekts.

2.3.4 Gamification in der Wirtschaft

Der Unterschied zwischen einer gamifizierten Anwendung und einem bloßen Spiel liegt in der Zielsetzung. Bei einem Spiel liegt das Ziel im Spiel selbst, während bei Gamification die Zielsetzung außerhalb des Spieles selbst verortet ist (Reiter, 2012). Die spielerischen Elemente wirken also auf Ziele außerhalb des Spielkontexts hin. Die Anwendung im realen Leben führt automatisch zu einer Entwicklung echter, in der Praxis anwendbarer Kompetenzen. Gamification ist demnach in nahezu allen Unternehmensbereichen vorteilhaft anwendbar (Marczewski, 2012). Das soll jedoch nicht heißen, dass jedes Unternehmen zwangsläufig spielerische Elemente in seine Struktur integrieren muss. Vielmehr sollten die Potenziale und Möglichkeiten von Gamification als Anregung oder Empfehlung verstanden werden, zumal gamifizierte Lösungen auf eine Vielzahl von unternehmerischen Anforderungen anwendbar sind. Zudem kann diese Methodik eingesetzt werden, ohne dass es den Angestellten bewusst wird. Die Vorteile von Gamification im beruflichen Alltag überwiegen gegenüber möglichen Bedenken seitens Kritiker*innen (Werbach & Hunter, 2012, S. 9).

Richtig eingesetzt wirken die Mechanismen von Gamification in innerbetrieblichen, außerbetrieblichen und verhaltensändernden Anwendungsbereichen. Innerbetriebliche Anwendungen von Gamification verfolgen das Ziel, die Produktivität zu erhöhen, wenn die betroffenen Mitarbeiter*innen bereits im Unternehmen integriert sind und eine Gemeinschaft mit eigenen Regeln bilden. Die außerbetriebliche Anwendung von Gamification schließt sowohl derzeitige als auch zukünftige Kund*innen der Organisation ein. Häufig werden im außerbetrieblichen Anwendungsbereich Marketing-Ziele verfolgt. Eine verhaltensändernde Anwendung von Gamification kann neue Gewohnheiten mit größerem Nutzen schaffen. So kann sogar das Entscheidungsverhalten im beruflichen und privaten Alltag maßgeblich verändert werden, sodass letztlich ein gesellschaftlicher Wandel eingeläutet wird (Werbach & Hunter, 2012, S. 20 ff.).

2.3.5 Spieltypische Elemente von Gamification

Für eine erfolgreiche Implementierung von Gamification im Unternehmen ist ein tiefes Verständnis der Grundmechaniken und -prinzipien von Computerspielen eine zentrale Voraussetzung. Dazu werden die Spielelemente in drei Kategorien aufgeteilt: die Komponenten, die Dynamik und die Mechanik. Die Mechanik beschreibt die Vorgänge, die als treibende Kräfte innerhalb eines Spiels wirken. Die Dynamiken bilden das theoretische Fundament der gamifizierten Anwendung. Sie zielen auf eine gewisse Wirkung ab und bestimmen somit die Ausrichtung der Mechaniken. Die Komponenten sind die konkreten Einzelinstanzen der theoretischen Konzepte der anderen beiden Kategorien, die als Hilfsmittel den Ursache-Wirkungs-Mechanismus unterstützen (Palmas, 2021, S. 13).

Um im Spiel die gewünschte motivierende Dynamik auszulösen, müssen sowohl die Mechanik als auch die Komponenten gemeinsam funktionieren. Ein möglicher Ansatz ist das Ansprechen bestimmter Triggerpunkte, die tief in der Natur des Menschen verankert sind. Der Mensch ist ein soziales Wesen. Seine zentrale Motivation ist auf Zuwendung und gelingende mitmenschliche Beziehungen gerichtet. Demnach ist die stärkste und beste Droge für den Menschen der andere Mensch (Bauer, 2008). Als soziales Wesen vergleicht er sich stets mit anderen. Das eigene menschliche Erfolgsempfinden ist also meist an den Vergleich mit anderen geknüpft. Somit kann ein sozialer Wettbewerb motivierend wirken (Hartmann, 2009, S. 211).

2.3.6 Die Mechanik des Feedbacks

Ein System kontinuierlicher Rückmeldungen (Feedback) unterstützt zum einen den Lernenden bei der Verbesserung der eigenen Performance und erleichtert zum anderen den Vergleich mit anderen (Zichermann & Cunningham, 2011, S. 77). Das kontinuierliche Feedback wird somit zu einer Grundmechanik für gamifizierte Trainingsanwendungen. Konkrete Realisierungen von Feedback können sich zwar voneinander unterscheiden, doch die wesentliche Funktion ist die Rückmeldung über die Qualität der erbrachten Leistung. Bei unmittelbarem Feedback können die Anwender*innen oder Lernenden ihre Handlungen umgehend nachjustieren, um weitere negative Rückmeldungen zu vermeiden und positive zu bekommen (Koch et al., 2013, S. 14 f.).

Die unterschiedlichen Feedback-Systeme erstrecken sich dabei über klassische Punktesysteme oder visuelle Rückmeldung bis hin zu integrierten Systemen, die sich nahtlos in die Story oder die Rahmenbedingungen der Anwendung einfügen. Je nach Konzept und technischer Realisierung können Feedbacks auch in Echtzeit angezeigt werden. Kurze, prägnante Rückmeldungen oder leicht verständliche Zeichen reichen bereits aus und sorgen für einen flüssigen Lernverlauf mit ständiger Anpassung oder Verbesserung.

Eine weitere Ergänzung sind Learning Analytics. Sie stellen, möglichst transparent und verständlich, die Rückmeldung zur eigenen Leistung in detaillierten Statistiken dar, um den Erfolg des Lernprozesses im Verlauf der Zeit zu visualisieren. Die Kenntnis über die im Laufe der Zeit erreichten Lernfortschritte kann dabei eine zusätzliche motivierende Wirkung entfalten.

2.3.7   Punktesysteme, Achievements und Quests als Komponenten

Das klassische Punktesystem als Richtlinie zur Bewertung von richtigen Handlungen motiviert Spieler dazu, ihre Leistung zu verbessern. Die gesammelten Punkte visualisieren im Lern- oder Spielverlauf den Spieler*innen und den Mitspieler*innen, häufig auch vergleichend über Rang- oder Bestenlisten, die erbrachten Leistungen (Werbach & Hunter, 2012, S. 72 f.). Ergänzend zu den Punkten bietet sich die Verwendung von sogenannten Badges an. Diese visualisieren kompakt die erhaltenen Punkte. Badges fungieren gleichzeitig als Auszeichnungen und signalisieren den jeweiligen Leistungsstatus. Sie zeigen als Abzeichen die Errungenschaften oder Achievements innerhalb des Spiels. Der Ausdruck ‚Achievement' hat sich in der Spiele- und Gamification-Welt als Sammelbegriff etabliert.

Zielführend gestaltete Achievement-Systeme wirken motivierend. Sie bieten den Spieler*innen eine Orientierung, indem sie aufzeigen was im Spiel insgesamt machbar ist und wie weit die Spieler*innen vorangeschritten sind. Gleichzeitig wirken sie durch sichtbare Zielsetzungen motivierend. Wird dasselbe Achievement dann noch von mehreren Spieler*innen erreicht, wird zudem ein Gemeinschaftsgefühl geschaffen (ebd. S. 74 f.). Die konkrete Visualisierung ist dabei nicht so bedeutsam wie der Umstand, dass das Erreichen einer Zielsetzung allen Spieler*innen angezeigt wird. Diese Sichtbarkeit trägt zur Orientierung bei, erzeugt Glücksgefühle und sorgt über eine bessere Vergleichbarkeit für einen gesunden Wettbewerb (Koch et al., 2013, S. 12). Auch die bereits erwähnten Ranglisten dienen dem zuletzt genanntem Zweck. Sie motivieren nicht nur durch die Positionierung der Teilnehmer*innen, auch der Überblick der fehlenden Punkte zur nächsten Position treibt einen gesunden Wettbewerb an. Das Ausgleichen der Punktdifferenz zum nächsten Level wird automatisch zu einem neuen Ziel (Werbach & Hunter, 2012, S. 76).

Die erspielten Badges können durch reale Auszeichnungen und Belohnungen ergänzt werden. Die physische Realität betont oder belohnt dabei nachhaltig die Lernerfahrung. Die soziale Anerkennung kann demnach noch durch weitere Belohnungsmechanismen und konkrete Anreize ergänzt werden. Mit dem Erreichen gewisser Levels, Ranglisten-Positionen oder dem Abschluss eines Levels steigt idealerweise die Qualität der Belohnung. Neben den spielerischen Motivationssystemen fördert auch konstruktives Feedback im sozialen Austach die Motivation.

Eine weitere Komponente im Game- oder Spieldesign sind sogenannte Quests. Sie sprechen das Bedürfnis einer fortwährenden Weiterentwicklung an. Es handelt sich um Herausforderungen wie Fleißaufgaben oder Denkspiele, die sich ein Spieler selbst aussucht, um sie innerhalb eines gewissen Zeitraumes allein oder gemeinsam mit anderen zu bewältigen. Die Erkenntnisse aus dem Lösen einer Quest können dann als Hilfestellung oder als Kompetenzen zum Lösen komplexerer Aufgaben bspw. in einem realen Projekt dienen. Um das Engagement oder die Motivation der Spieler*innen über einen langfristigen Zeitraum zu halten, sollte der Schwierigkeitsgrad steigen, während die gestellten Aufgaben bewältigbar bleiben. Dabei beeinflusst ein angemessener Grad an Herausforderung und Schwierigkeiten die Motivation der Spieler*innen (Koch & Ott, 2012; Koch et al., 2013, S. 12 ff.).

2.3.8 Die Herausforderung: Mastery und Flow-Prinzip

Das situationsadäquate oder einfach ausgedrückt richtige Verhältnis zwischen gestellten und lösbaren Herausforderungen kann zusätzlich die Motivation steigern und auch bspw. einen Lernprozess unterstützen. Ein Scheitern in Maßen hilft den Lernenden zum einen aus den eigenen Fehlern zu lernen und zum anderen das eigene Verhalten zu optimieren und somit zu lernen, mit Rückschlägen umzugehen (Juul, 2015, S. 18 f.). Darüber hinaus hat die Bewältigung komplexer aber noch lösbarer Aufgaben eine direkte positive Auswirkung auf den Gefühlszustand der Lernenden. Neben einem Gefühl der Freude wächst zugleich das Selbstbewusstsein und spornt Lernende an, noch herausforderndere Aufgaben anzugehen (Bedenk, 2010, S. 50). Dieser Gefühlszustand wird Mastery genannt.

Ein weiteres Prinzip mit großem Potenzial für Lernanwendungen ist das Flow-Prinzip aus der Kognitionstheorie und den Neurowissenschaften. Nachweislich erfahren Menschen in einem ‚Flow-Zustand' eine besonders kraftvolle intrinsische Motivation. Nach dem Psychologen Csikszentmihalyi und seiner ‚Flow-Theorie' kann dieser Zustand durch absolute Konzentration und Aufmerksamkeit für eine Tätigkeit oder Aufgabenstellung verursacht werden (Koch et al., 2013, S. 7). Betroffene empfinden dieses Flow-Erlebnis als sehr positiv. Sie fühlen sich als würden sie von einem Strom aus Energie fortgetragen (Csikszentmihalyi, 2004, S. 58). Dabei konzentrieren sich Menschen so sehr auf ihre Aufgabe, dass sie jegliches Empfinden von Raum und Zeit verlieren und die Zeit für sie geradezu verfliegt (Csikszentmihalyi, 2004, S. 76). Die Bearbeitung der Aufgabe geht ihnen leicht von der Hand und Zufriedenheit stellt sich ein. Das Flow-Prinzip basiert in den meisten Fällen auf intrinsischer Motivation, bei der eine Person die Motivation in sich selbst oder in ihrer Aufgabe findet (Von Au, 2013, S. 437 f.).

Die Bedingungen zum Erreichen dieses Zustandes sind die klare Definition der nicht beliebigen Ziele der Aufgabe und die Verwendung von direkten Rückmeldungsmechanismen (siehe Abschn. 2.3.6) (Niermann, 2014, S. 47). Das Erleben eines Flow-Zustandes wird demnach in einem Arbeitskontext mit ausformulierten Zielen, Feedbackmechanismen, angemessenen Herausforderungen und einem klaren Regelwerk erleichtert (Csikszentmihalyi, 2008, S. 214). Aufgrund der bisher noch zu seltenen Anwendung in Unternehmen werden Flow-Phänomene mehrheitlich bei spielerischen, künstlerischen und sportlichen Leistungen beobachtet (Blum, 2014, S. 83).

Der Balanceakt zwischen den Kompetenzen einer Person und dem Schwierigkeitsgrad der Herausforderung ist eine zentrale Voraussetzung für einen Flow-Zustand. Wird eine Aufgabe als zu einfach oder zu schwierig wahrgenommen, dann kann bei Lernenden ein Gefühl der Über- oder Unterforderung ausgelöst werden und das Flow-Erlebnis ausbleiben. Hierdurch wird die Leistungsfähigkeit eingeschränkt. Sobald die Aufgaben beständig und schrittweise an Schwierigkeit zunehmen, können Mitarbeiter*innen mit ihnen wachsen. Während sich bei zu großen Herausforderungen Angst ausbreitet, sorgen zu geringe Herausforderungen für Langeweile. Somit ist das Flow-Erlebnis, bei einer Korrelation oder wechselseitigen Beziehung zwischen Kompetenzen und Grad der Herausforderung, in der Schnittstelle zwischen Langeweile und Angst zu verorten (Niermann, 2014, S. 47).

Gerade das Spielen, insbesondere von Computerspielen, löst häufig einen Flow-Zustand aus (Csikszentmihalyi, 2008, S. 103). Spieler*innen fühlen sich in diesem Zustand intrinsisch motiviert und der Balanceakt zwischen gestellten und lösbaren Aufgaben gelingt häufiger (Zichermann & Cunningham, 2011, S. 16). Dem Zufall ist dies jedoch nicht geschuldet. Aus psychologischer Perspektive ist eines der maßgebenden Prinzipien von Computerspielen die ‚Flow-Theorie'. Üblicherweise erhöht sich der Schwierigkeitsgrad während des Spielens schrittweise, wodurch Spieler*innen zur Entwicklung neuer Problemlösungsstrategien angeregt werden. Somit geht die Entwicklung des eigenen Könnens mit dem Spielverlauf einher.

2.4   Storytelling

2.4.1   Das Narrativ

Ebenfalls in Anlehnung an Computerspiele nutzen immer mehr moderne Lern- und Trainingsanwendungen erzählende und zugleich sinnstiftende Geschichten, sogenannte Narrative, um die Lernenden zu fesseln (McIntosh et al., 2010). Der erzählerische Hintergrund einer Anwendung, das Storytelling, sorgt für die fesselnde Handlung und damit für eine gesteigerte Aufmerksamkeit. Als sinnstiftende Erzählungen transportieren Narrative Werte und Emotionen, die sich in der Regel auf einen bestimmten Kulturkreis beziehen und einem zeitlichen Wandel unterliegen. Wir nutzen Narrative, um Sinn zu erfassen und Informationen zu verarbeiten. Daher bilden Narrative eine Grundkomponente des menschlichen Denkens. Allerdings wäre es falsch zu behaupten, dass sie universell alle Aspekte unserer Existenz beschreiben können. Genauso wenig sind Dinge, die in narrativer Form präsentiert werden, automatisch Narrative. Im erweiterten Sinne können Narrative auch als die Kompetenz oder Fähigkeit verstanden werden, die es uns ermöglicht ein Kernelement von Erzählungen in andere Sprachen oder Medien zu übertragen (Brooks, 1992). Hierbei bleibt die Erzählung in ihrem ursprünglichen Kern erkennbar, obwohl beim Medienwechsel immer etwas verloren geht (Juul, 2001).

2.4.2   Nichtlineares und lineares Storytelling

Doch wie können Narrative, also sinnstiftende Erzählungen, zum Transport beispielsweise von Emotionen, auch im Kontext von Trainingsanwendungen, sinnvoll

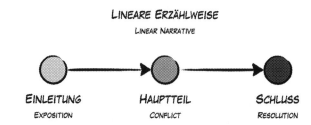

Abb. 2.2 Lineare Erzählweise

genutzt werden? Hierzu gilt es zuvor zwischen diversen Erzählweisen zu wählen (McIntosh et al., 2010).

Lineare Erzählweise
Die lineare Erzählweise ist uns aus den meisten Unterhaltungsmedien hinreichend bekannt. Entlang eines Erzählstranges hangelt sich die Handlung meist sequenziell von Schlüsselpunkt zu Schlüsselpunkt und folgt dabei einem linearen Pfad vom Ausgangspunkt bis auf ein bestimmtes Ziel hin.

Meist verläuft die Erzählung in einer klar chronologischen Reihenfolge (Marczewski, 2018). In der Vergangenheit gab es diverse Versuche, die Chronologie solcher Erzählungen zu durchbrechen und sie damit schwieriger zu gestalten. In der Filmbranche, in Romanen und in den teuersten Videospielproduktionen hat sich diese Erzählweise zum Standard etabliert. Dabei orientiert sich die Chronologie meist am aristotelischen Schema mit 3 Akten: Eine Einleitung, die ein Problem vorstellt, der Hauptteil, in dem dieses auf die Spitze getrieben wird und welcher zur Klimax führt, und den Schluss, in dem es aufgelöst wird, siehe Abb. 2.2.

Nicht-lineare Erzählweise
Die nicht-lineare Erzählweise baut auf den Prinzipien linearer Erzählungen auf. Allerdings bereichert die nicht-lineare Erzählweise durch zusätzliche Entscheidungsmöglichkeiten für die Spieler oder die Lernenden die Handlung. Das Erlebnis für die Akteure wird durch das Gefühl einer direkten Einflussnahme auf den Handlungsverlauf bereichert.

Videospiele mit einer nicht-linearen Erzählweise unterscheiden sich von linearen Filmen dadurch, dass ihre Erzählmöglichkeiten weniger Einschränkungen unterliegen (Marczewski, 2018). In virtuellen Umgebungen kann die Handlung weit über bloße Entscheidungsmöglichkeiten hinaus konstruiert werden. So kann eine virtuelle Trainingsanwendung dynamisch im Hintergrund einzelne Elemente der

Abb. 2.3 Open
World-Erzählungen

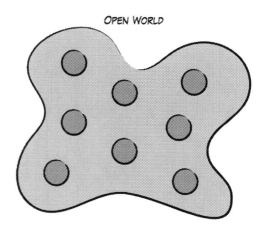

OPEN WORLD

Erzählung generieren und an die Leistung eines/r Lernenden anpassen. Für die Lernenden werden die unmittelbaren Konsequenzen ihrer Handlungen glaubwürdig virtuell erlebbar.

Nicht-lineare Erzählweisen können diverse Formen annehmen (ebd.):

Open World In Open World-Erzählungen interagieren die Nutzer*innen in einer offenen Erlebniswelt, in der diverse Erzählungen frei verfügbar verteilt sind. Die Reihenfolge, in der die Nutzer*innen die Inhalte erleben, kann von ihnen mehr oder weniger frei selbst bestimmt werden, siehe Abb. 2.3.

Branching Narrative Branching narratives, also verzweigte Narrative können auf zweierlei Art konzipiert sein. Zunächst kann die Struktur einem Baumdiagramm folgen, wobei durch jede Verzweigung des Handlungsstranges ein neues mögliches Ende für die Erzählung entsteht, siehe Abb. 2.4. Diese Option ist in ihrer Umsetzung sehr aufwändig und letztlich kostenintensiv. Die Programmierung einer entsprechenden Trainingsanwendung oder -software bringt einen hohen Komplexitätsgrad mit sich und erfordert einen hohen Entwicklungs- und Implementierungsaufwand. Im Vergleich zu Videospielen ist jedoch der Nutzen bei Trainingsanwendungen deutlich höher. Durch die Möglichkeit von wiederholten Durchgängen mit jeweils neuen Verzweigungen und Entscheidungsalternativen kann der Lerneffekt maximiert werden. Mit dieser Vielfalt von Alternativen steigt die Wahrscheinlichkeit, dass die Nutzer*innen im Verlauf des Trainings die diversen Abzweigungen allesamt erproben und sich dabei nützliche Kompetenzen aneignen.

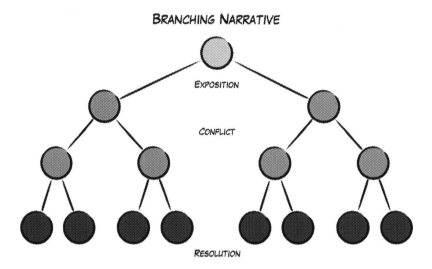

Abb. 2.4 Branching Narratives

Parallel Narrative Eine günstige Alternative stellen Erzählungen dar, bei denen die Erzählstränge zwar zunächst voneinander divergieren, dann allerdings auf dasselbe Ende oder dieselben Schlüsselmomente der Erzählung hinauslaufen. Das kennzeichnende Charakteristikum dieser Erzählstruktur sind demnach die Handlungsmöglichkeiten der Nutzer*innen und ihr Einfluss auf den Verlauf der Erzählung, siehe Abb. 2.5.

Emergent Gameplay Eine in Lernanwendungen bisher noch wenig vertretene Erzählkonzeption basiert auf Emergent Gameplay. Das Narrativ ergibt sich hier aus den möglichst freien Handlungsentscheidungen der Nutzer*innen. Den Rahmen für diese Handlungsfreiheit liefern die Interaktionsmöglichkeiten innerhalb der Lern- oder Spielwelt. Das Regelwerk für die Handlung ist also fixiert, während die konkreten Geschehnisse durch die Nutzer*Innen bestimmt werden.

Herausforderungen von nicht-linearen Erzählstrategien Zu den Herausforderungen von nicht-linearen Erzählungen zählt vor allem der bereits erwähnte

Abb. 2.5 Parallel Narrative

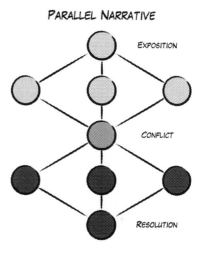

PARALLEL NARRATIVE

EXPOSITION

CONFLICT

RESOLUTION

erhöhte Entwicklungs- und Produktionsaufwand. Je mehr Handlungsmöglichkeiten den Nutzer*innen geboten werden, desto mehr Zeit und Ressourcen benötigt die Entwicklung einer entsprechenden Trainingsanwendung. Allein der exponentielle Anstieg an Handlungsalternativen belegt diese Argumentation. Neben den rein technischen Herausforderungen bei der Umsetzung addiert sich aus der zugrundeliegenden Komplexität noch ein hoher zeitlicher Aufwand bei der konzeptionellen Ausarbeitung der Erzählung. Die Autor*innen werden mit der Notwendigkeit konfrontiert, die immer komplexer werdenden Strukturen zu visualisieren. Spezielle Softwarelösungen übernehmen immer mehr diese Aufgabe. Darüber hinaus haben die Autor*innen darauf zu achten, dass die Aufmerksamkeit der Nutzer*innen im Verlauf der Erzählung trotz gestiegener Komplexität nicht verloren geht. Hierzu können die für die Erzählung erforderlichen Informationen sehr dosiert und wohl überlegt weitergegeben werden.

2.5   Extended Reality

2.5.1   xR-Training

Die Methode des xR-Trainings wurde speziell für den Aufbau neuer Kompetenzen in virtuellen Trainingswelten entwickelt. Dabei greift das virtuelle Trainingsformat auf die neuesten 3D Realtime Technologien zurück, um die Teilnehmer*innen bei ihrem Erwerb neuer Fähigkeiten mit immersiven Lernerfahrungen zu unterstützen. Lernende tauchen dazu in eine virtuelle Welt ein und trainieren anhand von realen Situationen oder Begegnungen neue Lösungsmuster oder Verhaltensweisen mit dem Ziel, bestimmte Geschäftsergebnisse in der realen Arbeitswelt zu erzielen. Die nachfolgenden Definitionen oder Begrifflichkeiten des xR-Trainings werden im weiteren Verlauf anhand einer wissenschaftlich fundierten Basis definiert und erläutert. Unter dem Begriff Extended Reality (xR) werden die verwendeten immersiven Technologien zusammengefasst. Darunter fallen Virtual-, Augmented-, und Mixed Reality. Die Abkürzung xR setzt sich dabei wie folgt zusammen: Das ‚x‘ im Namen steht für eine Variable und diese stellvertretend für alle auch zukünftig vorstellbaren immersiven Technologien. Es handelt sich daher um einen für die Zukunft offenen Überbegriff (Mann et al., 2018, S. 2).

Sobald ein Corporate Training gezielt als eine immersive Learning Experience, die passende xR-Technologien nutzt und auf Gamification basierende Interaktionen, Mechanismen, Prinzipien oder Elemente einsetzt, konzipiert und umgesetzt wird, kann von xR-Training gesprochen werden (Palmas, 2021, S. 24). Werden die Teilnehmer*innen auf diese Art motiviert und in ihrem Kompetenzerwerb durch einen bestimmten Grad an realer oder virtueller Immersion unterstützt, ist von einer immersiven Trainingserfahrung die Rede. Die Grenzen der Effektivität sowie der Immersion und damit des Lerntransfers setzen zum einen das methodische Konzept und zum anderen die eingesetzte Technologie.

Ein weiterer wichtiger Begriff ist Virtual Learning, ein freies, selbstorganisiertes Lernprinzip. Durch dieses Prinzip der Immersion tauchen Lernende in einen virtuellen Raum ein. Dieser Raum sollte möglichst realitätsgetreu konstruiert werden, um die Identifikation der Teilnehmer*innen mit ihrer realen Arbeitswelt zu erhöhen. Darüber hinaus sollte der Raum Möglichkeiten der Entdeckung und der Erkundung bieten. Zudem können Teilnehmer*innen während des Spielverlaufs mit thematisch passenden Fragen konfrontiert und somit stets neu herausgefordert werden. Die nun im Spielverlauf entwickelte Selbstlernkompetenz wird durch den Entdeckungsvorgang sowie durch gezieltes Feedback oder Belohnungen unterstützt. Diese Art und Weise des Lernens oder Aneignens neuer Kompetenzen bietet Vorteile gegenüber jeder Art des Auswendiglernens (Palmas, 2021, S. 25).

Immersion wird durch das Präsenzgefühl, also das sprichwörtliche Eintau-
chen in eine virtuelle Welt, hervorgerufen. Dieses Gefühl hat einen gesteigerten
Wissenstransfer und eine geförderte Perzeption der Situation, in der sich der/die
Lernende befindet, zur Folge. Dadurch kann in einer beruflichen Aus- oder Wei-
terbildung das praktische Lernen am Arbeitsplatz realitätsnah erlebt werden. Die
Immersionswirkung ist abhängig von der Atmosphäre und dem passenden Sto-
rytelling, die bei Lernenden bestimmte Stimmungen erzeugen (Palmas, 2021,
S. 24).

Auch ohne hellseherische Fähigkeiten können wir davon ausgehen, dass das
xR-Training in den kommenden Jahren innerhalb des Bildungssektors an Bedeutung gewinnen wird. Einen wesentlichen Vorteil stellen in diesem Zusammenhang,
anders als in der realen Welt, risikolose Entscheidungen dar, die trotzdem
überzeugend erlebt und somit erlernt werden. In der immersiven Welt, beispielsweise in einem Flugsimulator, haben die getroffenen Entscheidungen keinerlei
reale Auswirkungen bis auf den Verlust von Punkten oder Positionen auf einer
Bestenliste.

Virtual Reality bietet demnach die Möglichkeit, die im Training erlebten
Situationen und dort erlernten Fähigkeiten direkt in die Realität zu übertragen.
Erfahrungen können in einem sorgenfreien Umfeld gesammelt werden, während
der Lerntransfer durch die Wiederholbarkeit der Szenarien, eine intrinsische Moti-
vationswirkung und effektive Rückmeldungssysteme in Form von visuellem und
auditivem Feedback unterstützt wird.

2.5.2 Die Technologien

Virtual Reality (VR) sind computergenerierte virtuelle Welten, in denen sich Nutzer*innen vollkommen eigenständig bewegen können und die einen gewissen
Grad an Interaktivität bieten. Durch das Tragen einer VR-Brille wird die reale
Umgebung ausgeblendet und die Immersion, oder anders ausgedrückt das Eintauchen in die virtuelle Welt, für die Nutzer*innen erlebbar. Das Gefühl der
Immersion kann durch zusätzliche Gadgets, über die weitere menschliche Sinne
angesprochen werden, noch verstärkt werden.

Beispielsweise wurde anhand von Piloten-Simulatoren nachgewiesen, dass ein
vollständiges Body-Tracking zu einer starken Immersion im Unterbewusstsein
der Pilot*innen führt und somit ein Gefühl von Realismus erzeugt. Die nun in
der virtuellen Welt gewonnenen Erfahrungen lassen sich sehr realitätsnah in die
Praxis übertragen. Das Beispiel zeigt, dass in Virtual Reality-Flugsimulationen

kritische Notfallsituationen simuliert und trainiert werden können, um im Ernstfall sehr schnell sowie vor allem konkret und sicher handeln zu können (Jöckel, 2018, S. 75). Trainieren und Lernen mit Virtual Reality erzielt exaktere und schnellere Ergebnisse als die bloße Nutzung von Text und Video. Im Vergleich zu traditionellen Trainingsansätzen stellen die Interaktionsmöglichkeiten und die Immersion von VR-Trainings Alleinstellungsmerkmale dar. Ausschlaggebend für die Lernerfahrung und den Lerntransfer ist der selbstgesteuerte Ansatz mit seinen Handlungs- oder Entscheidungsalternativen. Gleichzeitig werden die Interaktionen in der virtuellen Welt visuell verstärkt. Ein unmittelbar erlebtes, an die Situation angepasstes Feedback verstärkt zusätzlich das Gefühl einer authentischen Wahrnehmung. Über diesen Mechanismus sammeln Lernende situationsadäquate Lernerfahrung, welche idealerweise zu einer Verbesserung des Lern- oder Trainingstransfers und somit letztlich zu einer verbesserten Handlungskompetenz in der Praxis führt. Eine PWC-Studie aus dem Jahr 2020 bescheinigt VR Trainings in Einklang mit diesen theoretischen Hintergründen höhere Werte für ihre Effektivität sowie ihre Effizienz (PWC, 2020).

Neben Virtual Reality setzt sich auch Augmented Reality (AR) als weitere immersive Technologie in immer mehr und neuen Anwendungsbereichen durch. Mit dieser Technologie werden digitale Overlays der realen Welt hinzugefügt oder ergänzen unsere visuelle Wahrnehmung der Realität. Die reale Umgebung verschmilzt somit in den Augen der Nutzer*innen mit digitalen Inhalten. Die Möglichkeit der Interaktion mit den digitalen Inhalten führt zu einer Erweiterung der realen Umgebung. Da die AR-Technologie auf nahezu sämtlichen mobilen Endgeräten mit Kamera anwendbar ist und zudem auf keine zusätzlichen Devices, wie etwa eine Brille, angewiesen ist, kann in der Lern- und Trainingswelt mit dieser Technologie eine sehr breite Zielgruppe angesprochen werden (Palmas, 2021, S. 25).

Als dritte Kategorie verbinden Mixed Reality Technologien die reale Umgebung mit der Virtualität. Ein digitales Overlay wird innerhalb der visuellen Perspektive des Erzählers durch ein Endgerät wie bspw. spezielle Brillengläser sichtbar und ermöglicht durch Sensoren eine Interaktion mit und in der Realität. Die Grenzen zwischen der virtuellen und der physischen Welt verschwimmen in diesem Kontext. Mixed Reality wird vielfach als eine hybride Variante von VR und AR bezeichnet (Palmas, 2021, S. 26).

2.5.3   Das Kontinuum von xR-Anwendungen – Charakteristika und Klassifizierung

Auf Basis der zuvor beschriebenen Voraussetzungen und Besonderheiten von immersiven Lernanwendungen, werden in diesem Abschnitt die Klassifizierungen der zukünftig möglichen Trainingsanwendungen aufgezeigt. Trotz eines breiten Marktangebotes von technologiebasierten Lösungen lassen sich digitale und virtuelle Trainingsformate klar voneinander differenzieren.

Den Sammelbegriff Extended Reality (xR)-Training visualisieren wir als ein Kontinuum zwischen der physischen Realität und der Virtualität, auf dem diverse Domänen des Trainings, definiert durch die jeweils genutzten Technologien, bestimmt werden können. In Form der Trainingsdomänen – Training Domains – werden die Trainingsformate in Kategorien eingeteilt und zueinander ins Verhältnis gesetzt (Palmas & Klinker, 2020). Die Zuordnung zu einer Domäne kann für alle existierenden Trainingsanwendungen erfolgen, siehe Abb. 2.6.

Das Realitäts-Virtualität Kontinuum nach Milgram bildet den Ausgangspunkt für die aufgeführte Theorie (Milgram et al., 1995). Das linke Ende des Kontinuums zeigt die reale Umgebung. Demgegenüber befindet sich auf der rechten Seite eine komplett computergenerierte virtuelle Welt. Das Spektrum von AR-, Mixed Reality- und VR-Trainings befindet sich zwischen den beiden Extremen.

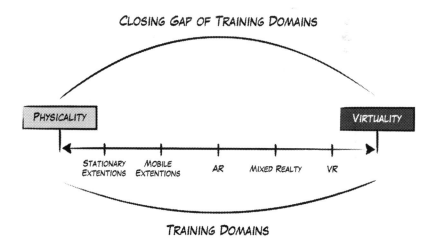

Abb. 2.6   Kontinuum von xR-Trainingsanwendungen

Damit das Endprodukt einer neuen Trainingsdomäne entstehen kann, wird die virtuelle und reale Welt anteilig zu verschiedenen Graden kombiniert (Palmas, 2021). Da neue Domänen, auf der Basis neuer Technologien, jederzeit auf dem Kontinuum eingeordnet werden können, gibt es keine Begrenzungen für die Integration neuer Technologien unter xR. Gänzlich neuartige Typologien des Trainings werden einfach unter einer neu entstandenen Domäne katalogisiert. Eine neu eingefügte Domäne führt zu einer Verschiebung der bestehenden Domäne im Kontinuum (Palmas, 2021, S. 27). Bislang wird zwischen sieben Domänen unterschieden. Hierzu zählen die physische Realität, mobile und stationäre Extensionen, Augmented Reality (AR), Virtual Reality (VR), Mixed Reality (MR) und die Virtualität.

Das komplette Spektrum der menschlichen Sinneswahrnehmung wird zunehmend durch die rasche Weiterentwicklung neuer Technologien sowie das Zusammenfügen diverser technologischer Ansätze innerhalb eines neuen Systems angesprochen. Der Faktor der Immersion kann dabei beispielsweise über 6 Freiheitsgrade (DOF: degrees of freedom) der Bewegung, siehe Abb. 2.7, Einflüsse der Umwelt, thermale Simulation und räumlichen Klang maximiert werden (Palmas & Klinker, 2020).

Immersive Technologien gewinnen aufgrund ihres hohen Entwicklungs- und Verbesserungspotenzials und ihrer unterstützenden Wirkung auf Lernprozesse an Bedeutung und etablieren sich zunehmend im Education-Sektor. Anhand praxisnaher Simulationen kann der Lerntransfer auf eine bislang noch nicht dagewesene Art unterstützt werden. Immersive Technologien können die Anwendung des

Abb. 2.7 Unterschied zwischen drei und sechs Freiheitsgraden (DOF)

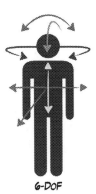

3-DOF   6-DOF

Gelernten begünstigen. Die Voraussetzungen für nachhaltiges und effizientes Lernen können auf der Basis solcher Technologien geschaffen werden (Palmas, 2021, S. 26 f.).

Bei geringer Unterscheidbarkeit zwischen virtueller und realer Umgebung entsteht eine Illusion, in der sich die Lernenden mit der real erscheinenden Präsenz in einem virtuellem Raum identifizieren und sich als Teil einer virtuellen Welt wahrnehmen. Je nach Qualität der Visualisierung, der Feedback-Mechanismen und des Sound Designs fällt der empfundene Immersionsgrad aus. Der In- bzw. Output orientiert sich an der Bedienungsfreundlichkeit und der Interaktivität. Unter Rücksichtnahme der subjektiven Faktoren des Individuums, wird die Effektivität durch die Qualität der gebotenen Möglichkeiten zur Interaktivität und die Immersion beeinflusst. Dabei wird die Effektivität eines jeden Lernenden durch den ausgewählten Ansatz und die Trainingsmethodologie mitbestimmt (Ebd.).

Eine Ermittlung des zuvor angeeigneten Wissens, der Kompetenzen und Verhaltensweisen eines Individuums ist ausschlaggebend für die Messung des jeweiligen Lernerfolges und der Effektivität des immersiven Trainings. Bestätigt wird die Effektivität der Trainingsmethodologie unter anderem durch den erfolgreichen Einsatz der erlangten Kompetenzen in neuen Anwendungsbereichen.

2.5.4 Die Evaluation von xR-Trainingsprogrammen in Anlehnung an Kirkpatrick

Im Zuge der Bedeutungszunahme lebenslangen Lernens wird auch der Evaluation von Trainingsprogrammen mehr Aufmerksamkeit zuteil. Eines der führenden Modelle zur Überprüfung des Erfolges eines Trainingsprogramms stammt bereits aus dem Jahr 1960 von Kirkpatrick. In der ursprünglichen sowie in modifizierter Form zählt dieses Modell zu den verbreitetsten zur Evaluation von Trainingsmaßnahmen. Auch nach einer Vielzahl an weiteren Veröffentlichungen zu seinem Modell bleibt der Kerninhalt des ursprünglichen Modells gleich. Allerdings geht mit Modifikationen und neuen Varianten des Modells häufig auch Kritik am ursprünglichen Modell einher (Gessler & Sebe-Opfermann, 2011).

Kirkpatrick schlägt ein vierstufiges Modell vor, wobei der Evaluationsprozess erst nach dem Durchlaufen aller 4 Stufen seinen vollen Mehrwert bietet. Ein auf einer Stufe festgestellter Erfolg bildet sukzessive die Voraussetzung für Erfolg auf der nächsten Ebene (Kirkpatrick, 1960; Kirkpatrick, 2012):

1. **Reaktion:** Im ersten Schritt wird die direkte Reaktion auf das durchlaufene Training und somit die Zufriedenheit der Teilnehmer*innen erfasst. Ein Fragebogen vermittelt den Teilnehmer*innen den Eindruck, dass ihre Meinung relevant ist und zu Veränderungen führen kann. Die Antworten können sich auf diverse Aspekte des Trainings beziehen, u. a. auf die Organisation, die Inhalte, die Lehrkraft, die Lernmaterialen und die Methodik. Dieser erste Schritt zählt heute zum etablierten Standardvorgehen. Wird die Trainingserfahrung als negativ empfunden, so wird bereits frühzeitig die Motivation zu Lernen fehlen.

2. **Lernerfolg:** Auf der zweiten Stufe wird der Lernerfolg abgefragt. Dieser kann sich auf erlangtes Wissen, entwickelte Fähigkeiten oder Einstellungsveränderungen beziehen. Die Ergebnisse werden idealerweise mit einem vor dem Training erhobenen Test abgeglichen.

3. **Verhaltensänderung/Praxistransfer:** Auf der nächsten Stufe werden die tatsächlich erzielten Leistungs- und Verhaltensänderungen im Arbeitsalltag geprüft. Vor dem Überprüfen sollte den Lernenden jedoch ausreichend Zeit zur praktischen Anwendung gegeben werden.

4. **Geschäftsergebnis:** Abschließend werden die Ergebnisse des Trainings im Unternehmen festgestellt. Die Bestimmung der Messgrößen hierfür ist sehr komplex, sie können von verbesserter zeitlicher Effizienz bis hin zu einer nachhaltigeren Produktion reichen. Sie und der Bewertungsvorgang hängen von den Inhalten und Zielen des Trainings ab.

Kirkpatrick erkennt an, dass die Evaluation der Effektivität eines Trainings mit zunehmender Stufe (insbesondere in Stufe 4) an Komplexität zunimmt. Nachgewiesen wird die Effektivität anhand einer Chain of Evidence, beginnend mit der Stufe 1. Um die Vergleichbarkeit zu gewährleisten wird empfohlen, auf allen 4 Stufen Referenzgruppen zu etablieren, die keine oder andere Trainingsprozesse durchlaufen haben.

Rezeption und Praxis
Kirkpatrick hat mit seinem Modell als einer der Ersten die Bedeutung des Lerntransfers in den Vordergrund gerückt. Durch den ausgeprägten Praxisbezug bot das Modell wenig Anlass zur kritischen Rezeption und lud folglich zu einer oberflächlichen Umsetzung ein. So stellten sich daraus abgeleitete Trainingsevaluationen in der Praxis häufig als reduktiv oder unangemessen heraus.

Nach Kirkpatrick gibt es einen kausalen Zusammenhang zwischen den vier Evaluationsstufen (Rosa, 2018). Auch wenn Kirkpatrick selbst diesen Wirkungszusammenhang meist lediglich recht vage beschreibt, haben manche Experten sogar eine direkte Wirkungskette zwischen den Stufen abgeleitet. Während Kirkpatrick den letzten beiden Stufen noch die größte Bedeutung der Evaluation zuschreibt, leitet unter anderem Bates (2004) aus dem Wirkungszusammenhang der Stufen ab, dass die erste Stufe eine Schlüsselrolle spielt und prospektiv Aufschluss über den Erfolg eines Trainings sowie retrospektiv Aufschluss über die Qualität des selbigen geben kann. In einem weiteren Schritt kommt er gar zu dem Schluss, die weiteren Schritte seien nicht zwingend notwendig. Generell ist es ein in der Praxis verbreiteter Ansatz, sich auf die kostengünstigste und unaufwendigste erste Stufe zu fokussieren, da die Komplexität und der damit verbundene Aufwand von Stufe zu Stufe exponentiell ansteigen und die direkte Kontrolle durch die Evaluierenden parallel abnimmt. In diesem Kontext werden, neben einer möglicherweise nicht optimalen Herangehensweise seitens des durchführenden Personals, begrenzte Ressourcen und ein Mangel an Priorisierung durch die Führungsriege zu Faktoren mit Bremswirkung. Während auch die zweite Stufe gelegentlich noch Beachtung findet, fällt die Evaluation der Stufen 3 und 4 oft aus. Doch inwiefern bedingen sich die aufeinanderfolgenden Stufen?

Es liegt nahe, dass der Erfolg auf den vorherigen Stufen jeweils eine notwendige, nicht aber eine ausreichende Bedingung für den Erfolg auf höheren Stufen repräsentiert. Auch wenn die Forschungslage in dieser Hinsicht noch recht unklar ist, deuten die meisten empirischen Erkenntnisse wie bspw. diejenigen von Alliger und Janak (1989) auf keine oder nur eine schwache Korrelation zwischen den positiven Ergebnissen der einzelnen Stufen. Eine Studie von Gessler und Sebe-Opfermann (2011) ergab, dass kein signifikanter Zusammenhang zwischen Stufe 1 und 2 oder 1 und 3 zu beobachten ist. Ein kleiner bis mittlerer signifikanter Zusammenhang konnte jedoch zwischen den Stufen 2 und 3 festgestellt werden.

Neue Möglichkeiten durch Gamification und Virtual Reality

Auf der ersten Stufe können Gamification und adaptive Systeme dazu beitragen, dass sich ein xR-Training besser an die persönlichen Bedürfnisse der Trainierenden anpasst, um somit die Akzeptanz zu erhöhen und eine anfänglich ablehnende Haltung zu vermeiden. Eine Folge hiervon sind auch Verbesserungen bei der Motivation zur Anwendung des Gelernten in der Praxis.

Gerade beim Lerntransfer in die Praxis von Stufe 2 zu Stufe 3 bieten Gamification und VR-Technologien gänzlich neue Möglichkeiten. So kann bereits direkt auf Stufe 2, mittels einer überzeugenden Simulation realer Szenarien aus der Praxis, dafür gesorgt werden, dass die Wahrscheinlichkeit für einen Erfolg auf Stufe 3 steigt. Wenn die Erfolgsaussichten jedoch nicht hoch sein sollten, dann kann dies, über direkt in die gamifizierte Anwendung integrierte effiziente Evaluationssysteme, bereits in Stufe 2 vorhergesagt werden. Daraufhin kann durch automatisierte, personalisierte Anpassungen und Wiederholungen der Szenarien ein Misserfolg ohne allzu großen Zeitverlust verhindert werden. Ein solch automatisierter Lernprozess hat einen hohen technologischen Anspruch und bietet, insbesondere mit Algorithmen auf Basis künstlicher Intelligenz, großes Innovationspotenzial. Insgesamt können moderne technische Systeme auf Basis von xR-Technologie dabei helfen, einige Kritikpunkte am Modell Kirkpatricks zu überwinden und die Transitionen zwischen den Erfolgsstufen über Vorhersagen und Vereinfachungen zu erleichtern.

2.5.5   Ethik und xR

Ethische Aspekte und Fragestellungen ergeben sich ebenfalls bei der Verwendung von immersiven xR-Technologien. Analog zur Gamification beziehen sie sich auf den Datenschutz, das sozialen Ansehen sowie auf mögliche Folgen für das psychische und physische Wohlbefinden der Nutzer*innen. Eine besondere Beachtung dieser Aspekte, bereits in der Designphase von xR-Projekten, sowie Entwickler*innen oder Betreiber*innen von xR-Anwendungen, die sich ihrer Verantwortung bewusst sind, minimieren hier Risiken.

Durch die ständige Weiterentwicklung der virtuellen oder anderweitig erweiterten Realität kann das Phänomen oder gar Problem des sogenannten „Superrealismus" entstehen. Und zwar dann, wenn die virtuelle Realität sich nicht mehr von der physischen unterscheiden lässt (Slater et al., 2020). Zwar kann dieses Phänomen mit realistischen Welten in den Bereichen Training, Bildung, Psychotherapie, Marketing und Forschung die Effizienz von Lernanwendungen fördern, jedoch wissen wir noch nicht genug über mögliche weitere Auswirkungen auf die Psyche und die Wahrnehmung der Nutzer*innen durch Superrealismus.

Da es sich bei aktuellen immersiven Anwendungen und der entsprechenden Hardware um eine vergleichsweise junge technologische Entwicklung handelt und eine Diskrepanz zwischen dem hohen Verbreitungsgrad dieser Technologie und dem verhältnismäßig spärlich ausgebauten Forschungsstand besteht, bleiben noch offene Fragen. Ganz grundlegend benötigen wir noch, auch auf neurowissenschaftlicher und psychologischer Ebene, Forschung zur menschlichen Wahrnehmung der Realität. So kann untersucht werden, inwieweit Anwender*innen der Technologien noch zwischen virtuellen und realen Situationen unterscheiden können und welche langfristigen Folgen eine größtenteils simulierte Wahrnehmung auf einzelne Menschen oder die gesamte Gesellschaft haben können. Die Erkenntnisse aus diesem Forschungsbereich könnten weitreichende Konsequenzen für die Zukunft der Interaktion zwischen Mensch und Maschine nach sich ziehen. Man denke nur an die ethischen Implikationen superrealistischer 3D Avatare, gesteuert von künstlicher Intelligenz, die, wie in einigen Science Fiction-Werken, für manche gar als Beziehungspartner infrage kommen könnten. In erster Linie geht es auch hierbei um das gesteigerte Realitätsempfinden der Nutzer*Innen. Während es maßgeblich am verbesserten Lerntransfer virtueller Trainings beteiligt ist, birgt es auch Risiken. Besonders bei stark emotional wirkenden Inhalten besteht, aufgrund des höheren Realitätsgrades, auch ein höheres Risiko für echte psychische Traumata. Auch nachhaltige Persönlichkeits- und/oder Selbstwahrnehmungsveränderungen durch die virtuellen Erlebnisse sind denkbar und können sich allein schon aus der Wahl des eigenen Avatars ergeben (Dörner et al., 2019).

Zudem eröffnen sich bei der Verwendung immersiver Technologien, die erlebt werden, neue Möglichkeiten zur Beeinflussung oder Manipulation des Unterbewusstseins der Nutzer*innen, um handlungsbestimmende Denkmuster zu verändern. Einerseits kann dieses Prinzip zwar zu einer Verbesserung des Lernprozesses genutzt werden, andererseits aber auch für Werbezwecke oder andere Arten der Manipulation. Aus diesen Gründen ist eine Aufklärung der Nutzer*innen über die mit der Technologie verbundenen Risiken für eine sichere Erfahrung empfehlenswert. Auch für die dargestellten Inhalte und die Rechte der Nutzer*innen gilt es anhand wissenschaftlicher Studien zu prüfen, inwiefern aktuelle gesetzliche Regelungen ausreichen, oder ob sie modifiziert werden sollten (Dörner et al., 2019).

Ein Extended Reality-Training-Framework: das 4-Phasenmodell – Von der Entwicklung zum Release eines Extended Reality-Trainings

Damit die im vorherigen Kapitel genannten Elemente ihre Vorteile in Trainings- und Lernanwendungen ausspielen können, müssen sie im Planungs- und Entwicklungsprozess zukunftsgerichteter Trainings- und Lernanwendungen von Beginn an mit eingeplant werden.

Diese Prozesse orientieren sich an dem Zusammenspiel zwischen der Designphilosophie und der Nutzererfahrung im Sinne eines Learning Experience Design (LXD).

3.1 Learning Experience Design

Im wissenschaftlichen Verständnis ist Lerndesign ein systematischer Prozess zur Entwicklung kreativer, zielorientierter Lösungen innerhalb eines Designraums. Learning Experience Design (LXD) definiert dabei einen Prozess, die menschenzentrierte Erfahrung so zu gestalten, dass sie zu einem gewünschten Ziel führt. Das Konzept des Lerndesigns hat sich im Laufe der Zeit stark verändert aufgrund sozialer und kultureller Anforderungen an die Aus- und Weiterbildung sowie durch technologische Entwicklungen und durch neue lerntheoretische Erkenntnisse. LXD ist ein Versuch, Designpraktiken aus verwandten Entwurfsbereichen wie Mensch-Computer-Interaktion (HCI), Architektur, Produktdesign und Software-Design mit dem Instruktionsdesign zu vereinen (Boling & Smith, 2018).

Das LXD hat seine Wurzeln im User Experience Design (UXD). UXD wird allgemein als die Interaktion zwischen dem/r Nutzer*in, dem System und dem Erfahrungskontext definiert (Kou & Gray, 2019; Law et al., 2009; Lallemand et al., 2015). In der Praxis fokussiert sich aus der UXD-Perspektive das LXD auf die Funktionalität des Systems sowie auf die Intuitivität und Unmittelbarkeit

© Springer Fachmedien Wiesbaden GmbH, ein Teil von Springer Nature 2021
F. Palmas et al., *Extended Reality Training*, essentials,
https://doi.org/10.1007/978-3-658-34504-4_3

mit denen die Bedürfnisse der Nutzer*innen erfüllt werden und somit ihre Zufriedenheit gewährleistet werden kann. Da jedoch kein Zusammenhang zwischen den Definitionen von UXD und LXD besteht, bedarf es einer konkreten Definition von LXD, um ein nutzerzentriertes Lerndesign zu konzipieren. Doch zunächst werden im Folgenden einige Begrifflichkeiten erläutert.

Lernerfahrung
Bei LXD liegt der Schwerpunkt des Designs eher auf der Lernerfahrung als auf den Lernwerkzeugen oder -materialien. Die Lernerfahrung umfasst die kognitive Auseinandersetzung mit den Lernaufgaben sowie die affektive Reaktion und die anschließende Auseinandersetzung mit dem Lernkontext (Parrish, 2009).

LXD erweitert das Design und erkennt mehrere gleichermaßen effektive Lernerfahrungen an, um die unterschiedlichen aufkommenden Bedürfnisse der Lernenden innerhalb des Lernkontextes zu unterstützen (Mager, 1997). LXD macht den/die Designer*in auf die Qualität der Lernerfahrung aufmerksam, nicht nur auf die dadurch erreichten Ziele.

Menschzentriert
Das Verständnis der verschiedenen Parameter, die Menschen in ein Lernprojekt einbeziehen und wie diese Variablen das Lernen beeinflussen sind die Überlegungen des traditionellen Instruktionsdesigns. LXD erweitert solche Überlegungen jedoch um das lernzentrierte Design und verlagert den Fokus vom Unterricht auf die durch die Lernenden gesteuerte Konstruktion einer menschlichen Erfahrung, die sinnvoll, engaging – also mitreißend – und befriedigend ist (Wilson, 2005). Menschenzentriertes LXD beinhaltet ein einfühlsames Verständnis der Lernenden, des soziokulturellen und technischen Kontexts, in den sie eingebettet sind, und des Prozesses der individuellen und sozialen Bedeutung, der durch die Lernenden vorangetrieben wird.

Das Erstellen einer solchen persönlichen Erfahrung für Lernende erfordert Vorstellungskraft und Einfühlungsvermögen seitens der Designer*innen (Parrish, 2009) sowie die Integration von Forschungsergebnissen aus den HCI- und UX-Bereichen. Der Fokus von LXD sollte über die Bereitstellung der umsetzbaren Optionen gemäß den Präferenzen der Lernenden hinausgehen (Garrett, 2010). Das resultierende Design ist ein komplexes System, welches aus einer bidirektionalen und wechselseitigen Interaktion zwischen mehreren Faktoren besteht und eine aussagekräftige, authentische und lernorientierte Erfahrung ermöglicht (Domagk et al., 2010). Daher sollte LXD Möglichkeiten und Unterstützung für höchst persönliche Erfahrungen, Empathie gegenüber den Lernenden und Menschlichkeit bieten, die nicht nur berücksichtigen, was die Lernenden wollen, sondern auch, was sie tatsächlich benötigen, um sich intensiv mit der Lernerfahrung auseinanderzusetzen und ihre Lernziele zu erreichen.

Zielorientiert
Ergebnisse sind wichtig, aber ebenso wichtig sind Ziele, die das Design leiten, um sicherzustellen, dass die Lernenden in den Ergebnissen Bedeutung und Relevanz finden. Der Zweck des Designs in LXD besteht darin, die Ziele des Einzelnen mit dem konzeptuellen Lernziel durch ein sinnvolles Engagement der Lernenden zu verbinden. In diesem Sinne sollten Lernende verstehen, warum und wie sich der Prozess mit dem sie sich befassen auf die eigenen Motivationen, Ziele und Werte bezieht. Wenn sich ein Prozess, an dem sich Lernende beteiligen, an der Entwicklung des individuellen Zwecks ausrichtet, wird das Lernen verbessert und führt zu langfristig gesicherten, tieferen Lernergebnissen.

Design
Lerndesign ist eine komplexe Aktivität zur Problemlösung (Jonassen, 1997; Silber, 2007; Tracey & Boling, 2014). Nach Jonassen und Tessmer (1996) ist eine komplexe Problemlösung wie LXD nicht nur die Anwendung von Domänen- und Strukturwissen, sondern auch die Anwendung von Wissen zur Lösung von Designproblemen.

Designer*innen sollten selbstbewusst als Problemlöser*innen auftreten, indem sie ihre persönlichen Motivationen, Einstellungen, Vorurteile und Ideen kontrollieren und verstehen. LX-Designer*innen sollten zudem Möglichkeiten identifizieren, definieren und gestalten, um die Lernenden in sinnvolle und vielfältige Lernerfahrungen einzubeziehen. Sie müssen auch überlegen, wie sie unterstützende Arbeitsplattformen bereitstellen können, wenn Lernende mehrere Wege beschreiten, um zu ihrem eigenen relevanten Verständnis zu gelangen (Bransford et al., 2000).

LX-Designer*innen bestimmen oder kontrollieren die Lernerfahrung nicht vollständig. Sie entwerfen, produzieren und integrieren geeignete Ressourcen und Gestaltungselemente, die vielfältige aber gleichermaßen effektive Lernerfahrungen unterstützen. Konkret sind die Aufgaben eines/r LX-Designers*in:

1. Die Möglichkeiten/Einschränkungen des Lernproblems durch Analyse der Lernenden, Lernkontexte und Lernaufgaben besser zu verstehen.
2. Entscheidungen auf Grundlage empirischer Belege zu treffen, wie Lernerfahrungen durch die Interaktion zwischen den Faktoren entstehen.
3. Testen und Wiederholen der Entwurfsentscheidungen.

Bei LXD erstellen Designer*innen Lernerfahrungen, die als Erfahrungen definiert sind und bei denen Lernende dadurch ein sinnvolles Verständnis aufbauen können. LX-Designer*innen stehen vor der Herausforderung, die geeignete Struktur und Reihenfolge der darzustellenden Lerninhalte zu bestimmen. Dafür müssen sie verstehen, was die Bedingungen zum Erreichen der gewünschten Lernergebnisse sind.

Der Problemraum, der im Kopf des/r Designers*in erzeugt und artikuliert werden muss, ist grundlegend komplexer. LXD betont die Bedeutung menschenzentrierter Überlegungen für die unterschiedlichen Bedürfnisse der Lernenden, wie z. B. dynamische, flexible und vielfältige Lernwege. Es erfordert zudem ein zielorientiertes Design. Die LXD-Elemente der Lernerfahrung, der Menschzentriertheit und der Zielorientierung dienen dabei als Leitfaden. Während LX-Designer*innen ihre Designprobleme generieren und verarbeiten, müssen sie mehrere Problemmerkmale in Betracht ziehen. Die Lösungen tragen dazu bei, die unterschiedlichen kognitiven und motivationalen Bedürfnisse der Lernenden zu berücksichtigen. Zu diesem Zweck muss der/die Designer*in festlegen, wie die Teile als zusammenhängendes und voneinander abhängiges System adressiert, priorisiert und integriert werden sollen.

Diese Überlegungen setzen auf Seiten der Designer*innen direkt nach der Phase 1 unseres Modells an. In diesem Modell werden nun die praktischen Schritte von der Lernbedarfsanalyse bis zum Release und darüber hinaus dargestellt. Das Modell basiert auf qualitativen Forschungsergebnissen und Erfahrungen in der Entwicklung und Produktion von xR-Projekten für namhafte Industrie- und Dienstleistungsunternehmen. Es versteht sich als praxisorientierter Leitfaden für eine methodisch-didaktische Konzeption und eine reibungslose Einführung von xR-Trainings in Unternehmen. Das Modell ist in 4 Phasen aufgeteilt, siehe Abb. 3.1.

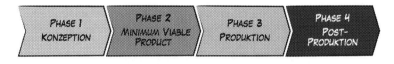

Abb. 3.1 Das Phasenmodell des extended Reality-Training-Frameworks

3.2   Phase 1 Konzeption: transparente Anforderungsanalyse und Strategiebestimmung

Die Konzeption und Einführung digitaler sowie virtueller Lernformate beginnt, vergleichbar mit analogen Lernformaten, zunächst mit einer Lernbedarfsanalyse sowie einer anschließenden Bestimmung der Lernziele (Niermann & Schmitz, 2020, S. 326). Mit anderen Worten werden in dieser ersten Phase die grundsätzlichen Anforderungen und Erwartungen aller Stakeholder diskutiert, auf deren Basis dann die Grundfunktionen für das spätere xR-Training festgeschrieben werden. Mit diesem ersten Schritt lassen sich potenzielle Risiken, bspw. durch eine überzogene Erwartungshaltung oder sicherheitskritische Anforderungen an die IT-Infrastruktur, frühzeitig erkennen. Das Aufzeigen möglicher Risiken in dieser frühen Phase kann die Gefahr von zeit- und kostenintensiven Anpassungen in der späteren Umsetzung maßgeblich reduzieren. Darüber hinaus können grobe technische sowie didaktische Fehler vermieden werden. Der Anspruch an die Konzeptionsphase ist nicht die umfassende, bis ins letzte Detail spezifizierte Analyse sämtlicher Daten und Fakten, zumal zu diesem Zeitpunkt nicht alle Information umfassend zur Verfügung stehen. Vielmehr sollte diese Phase durch eine lernstrategische Ausrichtung sowie eine transparente Diskussion aller involvierten Stakeholder geprägt sein. Anhand der nachfolgenden Checkliste können die relevanten Rahmenbedingungen des zukünftigen Trainings diskutiert werden:

Business Case

- Zielgruppe und mögliche Skalierung des Trainings.
- Stärken/Schwächen- und Chancen/Risiken (SWOT)-Analyse digitaler oder virtueller Trainingsformate.
- Make or Buy: Investition in eigene IT-Infrastruktur oder Subscription-based Trainingsmodelle.

Stakeholder

- Operation und Qualifizierung innerhalb der Fachbereiche.
- HR Business Partner und Personalentwicklung.
- IT-Abteilung mit IT-Security und Datenschutz.
- Arbeitssicherheit und Ergonomie sowie Arbeitnehmervertretung.
- Controlling, Qualitätsmanagement und Einkauf.

Learning Analytics

- Zielsetzung des Lernvorgangs und des gewünschten Lerntransfers.
- Zielkompetenzen sowie bewertbare KPIs.
- Statistische und mathematische Analyse des Lernfortschritts.
- Datenschutzrechtliche Diskussion mit den verantwortlichen Gremien.
- Antizipation potenzieller Lernanforderungen.

Zielgruppenanalyse

- Grundsätzliche Klassifizierung der Nutzergruppen.
- Anforderungsprofile der einzelnen Nutzergruppen.
- Ermittlung von digitalen Grundkompetenzen oder Digital Skills der Nutzergruppen.
- Kategorisierung von Personas.
- Auswirkungen auf das User-Interface (UX) Design.

Technische Infrastruktur

- Integration in bestehende IT-Infrastruktur.
- Anforderungen an die zukünftigen Trainingstechnologien.
- Fixierung der Trainingsdomäne auf dem Realitäts-Virtualitäts-Kontinuum.

3.3   Phase 2 Minimum Viable Product: Probieren und Testen

Prototypen oder wie wir sie heute nennen, Minimum Viable Products (MVP's), bieten gerade im Anschluss an die Konzeptionsphase einen unschätzbaren Vorteil. Mit einem vertretbaren Zeit- und Kostenaufwand können sehr frühzeitig erste Erfahrungen und Eindrücke sowohl aus Sicht der späteren Nutzer*innen als auch aus Sicht der Verantwortlichen gesammelt werden. Diese Informationen sind umso wertvoller, da sie oftmals langatmige und mühsame Diskussionen verkürzen und das Risiko einer gescheiterten Entwicklung und folglich einer Fehlinvestition deutlich reduzieren. Auf Basis der Diskussionsergebnisse aus der ersten Phase wird, anhand der nachfolgenden Anforderungsliste, ein MVP entwickelt:

- Gamified Concept – Zusammenspiel von Gamification-Elementen und - Mechanismen mit der gewählten Technologie.
- Festlegung der Trainingstypologie.
- Konzeption des Storytellings als narrativer Ansatz zur Trainingssimulation.
- Grundaufbau des Trainingsansatzes.
- Budget für das Minimum Viable Product (MVP).
- Zielbudget für den finalen Release.
- Auswahl der ersten Testgruppe.
- Konzeption der Evaluierung und Validierung der Testergebnisse.
- Transfer der Ergebnisse auf erforderliche Eigenschaften und Features der finalen Trainingsanwendung.

3.4   Phase 3 Produktion: Umsetzen der erfolgskritischen Leistungsmerkmale

Erst nach der Testphase und einer ausführlichen Validierung der Testergebnisse werden die weiteren Entscheidungen für die Produktion getroffen. Die erfolgs-kritischen Leistungsmerkmale wurden zuvor anhand des MVP's identifiziert und fließen nun in den Produktionsprozess ein. Mit der ersten Release-Version wird nun das xR-Training einer breiten Nutzergruppe vorgestellt.

Die Produktionsphase ist der zentrale Produktionsprozess eines virtuellen Trainings. Dieser sensible Prozess verläuft analog zu einer agilen Softwareent-wicklung. Die nachfolgende Checkliste dient der Orientierung und zeigt die wesentlichen Prinzipien dieser agilen Entwicklung:

Kommunikation

- Transparenter und präziser Informationsaustausch zwischen dem Entwicklungs-team, dem Projektmanagement und den Stakeholdern.
- Auf unerwartete Herausforderungen oder Probleme kann dadurch schnell reagiert werden.
- Die transparente Kommunikation schafft ein Klima des gegenseitigen Respekts und fördert das Vertrauen.
- Die gesetzten Ziele können trotz widriger Umstände mittels einer effektiven Kommunikation mit alternativen Lösungen erreicht werden.
- Alle Stakeholder orientieren sich an der bestmöglichen Qualität im Rahmen des verfügbaren Budgets.

Change Requests

- Neue oder zusätzliche Anforderungen werden mit fortschreitender Entwicklung des Projektes immer schwieriger umzusetzen.
- Nachträgliche Anforderungen erfordern, gerade im späteren Produktionsprozess, tiefgreifende Veränderungen in der technischen Infrastruktur.
- Späte Änderungswünsche haben einen massiven Einfluss auf die Produktionskosten und führen zwangsläufig zu einer Budgetüberschreitung.
- Softwareentwicklung ist nicht vergleichbar mit gewöhnlichen Arbeitsprozessen wie bspw. dem Erstellen von Spreadsheets oder dem Integrieren neuer Elemente nach dem Prinzip ‚Kopieren und Einfügen‘.
- Jede nachträgliche, auch noch so kleine, Veränderung führt zur Verlängerung der Testzyklen.

Polishing

- In der letzten Produktionsphase werden alle grafischen und didaktischen Elemente einem Feinschliff unterzogen.
- Alle Systemkomponenten werden synchronisiert und unter realen Trainingsbedingungen getestet.
- Das Ergebnis ist das finale Produkt für den ersten Release.

Internes Marketing

- Zur Hälfte des Produktionsprozesses sensibilisiert und informiert eine fortlaufende Marketingkampagne die zukünftige Zielgruppe.
- Die Kampagne ist zugleich Teaser und Einführung in das neue, virtuelle Trainingsformat.
- Die frühzeitige Information führt zu einer deutlichen besseren Akzeptanz des xR-Trainings.
- Die Botschaft wird in der ‚Sprache‘ der Zielgruppe verfasst und über interne Kanäle kommuniziert.
- Der finale Rollout wird durch die Kampagne begleitet.
- Die Kampagne folgt dem Muster eines Markentrichters.

Markentrichter

- Bekanntheit (Awareness): Die Zielgruppe erfährt zum ersten Mal von dem xR-Training.
- Erwägung (Consideration): Die Zielgruppe interessiert sich für das xR-Training.
- Konvertierung (Conversion): Die Zielgruppe entscheidet sich, das xR-Training zu nutzen.

3.5 Phase 4 Post-Produktion: Life Cycle Management

Vergleichbar mit einem kommerziell genutzten Softwareprodukt bedarf auch eine xR-Trainingssoftware einer regelmäßigen Pflege. Der Lebenszyklus eines virtuellen Trainings wird zum einen durch neue Trainingsinhalte bestimmt und zum anderen durch die rasante Technologieentwicklung. Darüber hinaus zwingen neue Normen, Vorschriften, Gesetze und Verordnungen die Betreiber*innen eines Trainings zu regelmäßigen Software-Updates. Im Zuge der Updates wird die Trainingssoftware an die aktuellsten Datenschutzrichtlinien anpasst und mit den neuesten Sicherheitsupdates zur Abwehr von kriminellen Angriffen versehen.

Die damit einhergehende Sorgfaltspflicht ist unabhängig von der getroffenen Make or Buy Entscheidung. Sie gilt sowohl für die Entwicklung eigener IT-Systeme als auch für Abonnement-Modelle (Subscription Models). Grundsätzlich unterliegt eine Trainingssoftware einem Lebenszyklus und erfordert demzufolge eine regelmäßige Pflege oder Wartung. Vor diesem Hintergrund ist bereits in der Konzeptionsphase ein Budget für ein Software Life Cycle Management einzuplanen. Ohne ein entsprechendes Life Cycle Management ist die Trainingssoftware binnen kurzer Zeit veraltet und entspricht weder den aktuellen Sicherheitsstandards noch den Erwartungen der Zielgruppe.

Ergänzend zum Life Cycle Management kann ein sogenanntes Post-Release Marketing das xR-Training durch begleitende News wie Anwenderberichte, neue Funktionen, geplante Entwicklungen oder Nutzerstimmen unterstützen. Mit einer fortlaufenden, stets aktuellen Berichterstattung besteht die Möglichkeit, eine interne Community aufzubauen. Zu guter Letzt kann anhand der Analysedaten aus den Learning Analytics das aggregierte Nutzerverhalten sowie die Auswirkungen auf reale Geschäftsprozesse beobachtet werden, um die gewonnenen Erkenntnisse gezielt für die weitere nutzerzentrierte Entwicklung des xR-Trainings zu nutzen.

Fazit

4

Die exponentielle Beschleunigung bei der Entwicklung und Nutzung neuer Technologien in Alltag und Arbeit verschärfte sich in den letzten Jahren weiter. Es kristallisiert sich für unsere Gesellschaft zunehmend die Notwendigkeit von aktivem und zukunftsweisendem Lernen mit Hilfe von Technologien als Grundlage eines kontinuierlichen Lernvorgangs in jeder Lebensphase heraus. Der Arbeitsmarkt entwickelt sich dementsprechend konstant weiter. Um in Zukunft auch weiterhin arbeitsfähig zu bleiben, sind wir mehr oder weniger gezwungen, uns auf regelmäßige technologische unterstützte Upskilling- und Reskilling-Maßnahmen einzustellen.

Extended Reality (xR) bietet vor diesem Hintergrund zahlreiche Vorteile für jede Art von Business. In einer extended Reality-Training-Produktion vereinen sich Kreativität, Technologien, Innovationen und Management-Kompetenzen. Um den Erfolg eines solchen Innovationsprojektes zu sichern und um bestmöglich von den immersiven Technologien zu profitieren, greifen wir auf einen sorgfältigen Designprozess und eine reibungslose Implementierung zurück. Voraussetzung hierfür sind interdisziplinäre Kenntnisse und der richtige Mix aus Theorie und Praxis.

Die Tradition immersiver Technologien liegt im Hard-Skills-Training oder in Simulationen, wie bspw. dem Flugsimulator für Pilot*innen. Während diese Anwendungsfelder auch künftig ihre Bedeutung und Relevanz behalten, werden in der nahen Zukunft zunehmend Soft-Skills-Trainings im Sinne von Kompetenzerwerb eine immer größere Rolle spielen. Dazu zählen Führungs- und Kommunikationskompetenzen, Verbesserungen von Teamwork, Resilienz oder dem Umgang mit Veränderungen und Konflikten und die Förderung von Kreativität. Neben dem individuellen Kompetenzaufbau profitieren auch Unternehmen unmittelbar von der Investition in Soft Skills-Trainings. Gerade in Zeiten der

© Springer Fachmedien Wiesbaden GmbH, ein Teil von Springer Nature 2021
F. Palmas et al., *Extended Reality Training*, essentials,
https://doi.org/10.1007/978-3-658-34504-4_4

Digitalen Transformation und der Arbeitswelt 4.0 steigt der Bedarf an hoch-qualifizierten Mitarbeiter*innen in sämtlichen Produktionsabläufen sowie in der Kundenkommunikation. In diesem Sinne stellt also eine stetige Weiterbildung, oder das lebenslange Lernen, im Zuge der sich kontinuierlich verändernden Anforderungen der digitalisierten Zukunft, eine absolute Notwendigkeit dar. Darüber hinaus erschwert derzeit die globale Pandemie, ausgelöst durch das Coronavirus, das traditionelle Training in Präsenz noch zusätzlich.

Neue virtuelle Trainingsmodelle oder -formate auf Basis immersiver Technolo-gien bieten, bei entsprechender Skalierung, das wirtschaftliche Potenzial für einen schnellen, konzentrierten und zudem praxisbezogenen Kompetenzaufbau. Doch nicht nur die Kosteneffizienz spricht für ein immersives Training. Durch diese neue Art der Emotionalisierung in virtuellen, ablenkungsfreien Umgebungen ver-stärkt sich auf der einen Seite der Trainingseffekt während auf der anderen Seite die Trainingsinhalte, durch die Interaktionsfreiheit sowie die Sorglosigkeit jen-seits der Grenzen der physischen Realität, langfristig verankert werden (Dalton, 2021). Die gesteigerte Wahrnehmung des Lernszenarios in virtuellen Trainings-welten unterstützt den Transfer von Wissen noch weiter und ermöglicht dadurch praxisnahes Lernen durch realistisches Erleben.

Ergänzend zum Trainingseffekt und der langfristigen Verankerung lassen sich die Trainingsprozesse, über Sensorik erfasste Nutzungsdaten und Learning Analytics-Systeme, anpassen und optimieren. Ein Präsenztraining bietet bis auf klassische Evaluierungsmodelle keine adäquate Alternative. Ein weiterer Vor-teil immersiver virtueller Trainings gegenüber traditionellen Formaten liegt in den sogenannten Opportunitätskosten, oder allgemein ausgedrückt den Sowieso-Kosten, wie der Arbeits- oder Reisezeit. Virtuelle Trainings sind in der Regel orts-und zeitunabhängig. Im Vornhinein schon begrenzte Ressourcen, wie die Arbeits-zeit, können demzufolge mit virtuellen Trainings wesentlicher effizienter genutzt werden.

Zudem können im virtuellen Umfeld stressvolle Aufgaben in realistischen Simulationen erprobt werden, ohne dass der Leistungsdruck der Realität zu Unsicherheiten führt. Gelerntes kann im Anschluss selbstbewusst in die Pra-xis übertragen werden. Extended Reality-Trainingskonzepte lassen sich auf ganz spezifische Aspekte zuschneiden und können als Teil eines hybriden Trainingsfor-mates bewährte Präsenztrainings sinnvoll ergänzen. So kann jede Methodologie in genau den Bereichen eingesetzt werden, in denen die jeweiligen Stärken liegen.

Die Grundvoraussetzung, um das Potenzial von xR-Technologien für das Lernen vollständig zu entfesseln, liegt beim Menschen und seiner digitalen Kom-petenz. Konkret sorgt die Bereitschaft und der Mut zur Veränderung bei den

Entscheidungsträgern in den Unternehmen sowie der Wille innovative Lernkon-
zepte einzusetzen für den entscheidenden Impuls, um die etablierte Lernkultur
zu verändern. Allerdings ist hierzu eine offene Innovationskultur erforderlich.
Nur mit dem vielfach strapazierten Begriff des Paradigmenwechsels gegenüber
neuen Technologien zur Unterstützung des Lehrens und Lernens werden wir als
Gesellschaft das Potenzial des lebenslangen Lernens optimal abrufen können.

Was Sie aus diesem *essential* mitnehmen können

- Lernen ist und bleibt der Motor unserer Gesellschaft und den Wirtschaftsunternehmen.
- Unsere Lernprozesse und mit ihnen die Lernkultur stehen vor der Herausforderung sich an die digitale Arbeitswelt anzupassen.
- Für einen wirtschaftlich effizienten Lerntransfer können innovative, motivatorische Konzepte aus der Gaming- und Unterhaltungsindustrie übernommen werden.
- Immersive xR-Technologien bilden die Grundlage zukunftsgerichteter Extended Reality-Trainings für motivierteres und praxisbezogeneres Lernen.
- In dem praxisbezogenen Framework zur Konzeption und Produktion von extended Reality-Trainingsanwendung vereinen sich Kreativität, Technologien, Innovationen sowie Kommunikations- und Management-Kompetenzen.

© Springer Fachmedien Wiesbaden GmbH, ein Teil von Springer Nature 2021
F. Palmas et al., *Extended Reality Training*, essentials,
https://doi.org/10.1007/978-3-658-34504-4

Literatur

Alliger, G. M., & Janak, E. A. (1989). Kirkpatrick's levels of training criteria: Thirty years later. *Personnel Psychology, 42*(2), 331–342.

Bates, R. (2004). A critical analysis of evaluation practice: The Kirkpatrick model and the principle of beneficence. *Evaluation and Program Planning, 27*(3), 341–347.

Bauer, J. (2008). *Prinzip Menschlichkeit: Warum wir von Natur aus kooperieren.* Heyne.

Bedenk, M. (2010). *Computerspielen verstehen: Auswahl und Nutzung von PC-Spielen.* Tectum.

Blum, P. (2014). *Mitarbeiter motivieren und Kunden begeistern: Ein Blick hinter die Kulissen erfolgreicher Unternehmen.* Haufe Fachbuch.

Boling, E., & Smith, K. M. (2018). Changing conceptions of design. In R. A. Reiser & J. V. Dempsey (Hrsg.), *Trends and issues in instructional design and technology* (S. 323–330). Pearson.

Bozkurt, A., & Durak, G. (2018). A systematic review of gamification research: In pursuit of homo ludens. *International Journal of Game-Based Learning (IJGBL), 8*(3), 15–33.

Bransford, J. D., Brown, A. L., & Cocking, R. R. (2000). *How people learn: Brain, mind, experience, and school.* National Academy Press.

Brooks, P. (1992). *Reading for the plot.* Harvard University Paperback Edition.

Burke, B. (2014). Gartner Redefines Gamification. http://blogs.gartner.com/brian_burke/2014/04/04/gartner-redefines-gamification/. Zugegriffen: 25. Apr. 2021.

Csikszentmihalyi, M. (2004). *Flow im Beruf: Das Geheimnis des Glücks am Arbeitsplatz* (2. Aufl.). Klett-Cotta.

Csikszentmihalyi, M. (2008). *Flow: Das Geheimnis des Glücks* (14. Aufl.). Klett-Cotta.

Dalton, J. (2021). *Reality check. How immersive technologies can transform your business.* Kogan Page.

Deterding, S., Dixon, D., Khaled, R., & Nacke, L. (2011). From game design elements to gamefulness: defining gamification, In *Proceedings of the 15th International Academic MindTrek Conference: Envisioning Future Media Environments*, S. 9–15.

Dicheva, D., Dichev, C., Agre, G., & Angelova, G. (2015a). Gamification in education: A systematic mapping study. *Educational Technology & Society, 18*(3), 75–88.

Dicheva, D., Dichev, C., Angelova, G., & Agre, G. (2015b). From gamification to gameful design and gameful experience in learning. *Cybernetics and Information Technologies, 14*(4), 80–100.

© Springer Fachmedien Wiesbaden GmbH, ein Teil von Springer Nature 2021
F. Palmas et al., *Extended Reality Training*, essentials,
https://doi.org/10.1007/978-3-658-34504-4

Domagk, S., Schwartz, R. N., & Plass, J. L. (2010). Interactivity in multimedia learning: An integrated model. *Computers in Human Behavior, 26*(5), 1024–1033.

Dörner, R., Broll, W., Grimm, P., & Jung, B. (2019). *Virtual und Augmented Reality (VR / AR): Grundlagen und Methoden der Virtuellen und Augmentierten Realität.* (2, Erweiterte und aktualisierte). Springer.

Ehrmann, J., Lewis, C., & Lewis, P. (1968). Homo ludens revisited. *Yale French Studies, 41,* 31–57.

Ferrari, A. (2012). *Digital competence in practice: An analysis of frameworks. Joint Research Centre (JRC) Technical Reports.* Luxembourg: Publications Office of the European Union.

Garrett, J. J. (2010). *Elements of user experience: The user-centered design for the web and beyond.* Pearson.

Gessler, M., & Sebe-Opfermann, A. (2011). Der Mythos "Wirkungskette" in der Weiterbildung – Empirische Prüfung der Wirkungsannahmen im "Four Levels Evaluation Model" von Donald Kirkpatrick. *Zeitschrift Für Berufs- Und Wirtschaftspädagogik, 107*(2), 270–279.

Gonzalez Franco, M. G., & Ofek, E. (2020). Microsoft Rocketbox avatar library now available for research and academic use. https://www.microsoft.com/en-us/research/blog/microsoft-rocketbox-avatar-library-now-available-for-research-and-academic-use/. Zugegriffen: 10. Jan. 2021.

Hamari, J., Hassan, L., & Dias, A. (2018). Gamification, quantified-self or social networking? Matching users' goals with motivational technology. *User Modeling and User-Adapted Interaction, 28*(1), 35–74.

Hartmann, T. (2009). Let's compete! In T. v. Quandt, J. Wimmer, & J. Wolling, (Hrsg.), *Die Computerspieler* (2. Aufl., S. 211–224). VS Verlag.

Heinemann, G., Gehrckens, H. M., & Wolters, U. J. (2016). *Digitale Transformation oder digitale Disruption im Handel, Vom Point-of-Sale zum Point-of-Decision im Digital Commerce.* Springer.

Jonassen, D. H., & Tessmer, M. (1996). An outcomes-based taxonomy for the design, evaluation, and research of instructional systems. *Training Research Journal.*

Jonassen, D. H. (1997). Instructional design models for well-structured and III-structured problem-solving learning outcomes. *Educational Technology Research and Development, 45*(1), 65–94.

Jöckel, S. (2018). *Computerspiele: Nutzung, Wirkung und Bedeutung.* Springer.

Juul, J. (2001). A brief note on games and narratives. Game studies. *The International Journal of Computer Game Research.*

Juul, J. (2015). *Die Kunst des Scheiterns: Warum wir Videospiele lieben, obwohl wir immer verlieren.* Luxbooks Luftraum.

Kapp, K. M. (2012). *The gamification of learning and instruction: Game-based methods and strategies for training and education.* Wiley.

KFW. (2021). Digitalisierung: Chancen und Herausforderungen für Mittelstand und Gründer . https://www.kfw.de/KfW-Konzern/KfW-Research/Digitalisierung.html. Zugegriffen: 20. März 2021.

Kim, T. W. (2018). Gamification of labor and the charge of exploitation. *Journal of Business Ethics, 152*(1), 27–39.

Kirchherr, J., Klier, J., Lehmann-Brauns, C., & Winde, M. (2018). Future Skills: Welche Kompetenzen in Deutschland fehlen, Hrsg: Stifterverband für die Deutsche Wissenschaft

e. V. https://www.stifterverband.org/medien/future-skills-welche-kompetenzen-in-deutsc hland-fehlen. Zugegriffen: 2. März 2021.

Kirkpatrick, D. L. (1960). Techniques for evaluating training programs Part I, II, III and IV. *Journal of the American Society of Training Directors, 13*(11), *13*(12), *14*(1, 2).

Kirkpatrick, D. L., & Kirkpatrick, J. D. (2012). *Evaluating training programs. The four levels* (4. Aufl.). Berrett-Koehler.

Koch, M., & Ott, F. (2012). Gamification – Steigerung der Nutzungsmotivation durch Spielkonzepte. http://www.soziotech.org/gamification-steigerung-der-nutzungsm otivation-durch-spielkonzepte. Zugegriffen: 2. Juni 2020.

Koch, M., Oertelt, S., & Ott, F. (2013). *Gamification von Business Software-Steigerung von Motivation und Partizipation.* Universitätsbibliothek der Universität der Bundeswehr München.

Koch, M., Butz, A., & Schlichter, J. (Hrsg.). (2014). *Mensch und Computer 2014 – Tagungs- band.* Oldenbourg Wissenschaftsverlag. https://doi.org/10.1524/9783110344486

Koch, A., & Butz, J. (2014). *Mensch und Computer 2014 Workshopband,* Schlichter (Hrsg.). Oldenbourg Wissenschaftsverlag.

Kou, Y., & Gray, C. M. (2019). A Practice-Led Account of the Conceptual Evolution of UX Knowledge. In *Proceedings of the 2019 CHI Conference on Human Factors in Computing Systems (CHI '19).* Association for Computing Machinery, New York, NY, USA, Paper 49, 1–13.

Lallemand, C., Gronier, G., & Koenig, V. (2015). User experience: A concept without con- sensus? Exploring practitioners' perspectives through an international survey. *Computers in Human Behavior, 43,* 35–48.

Law, L. C. E., Roto, V., Hassenzahl, M., Vermeeren, A., & Kort, J. (2009). Understanding, scoping and defining user experience: A survey approach. In *Proceedings of the SIGCHI conference on human factors in computing systems,* 719–728.

Leifels, A. (2020). Mangel an Digitalkompetenzen bremst Digitalisierung des Mittelstands – Ausweg Weiterbildung? https://www.kfw.de/PDF/Download-Center/Konzernthemen/ Research/PDF-Dokumente-Fokus-Volkswirtschaft/Fokus-2020/Fokus-Nr.-277-Februar- 2020-Digitalkompetenzen.pdf. Zugegriffen: 11. Juni 2020.

Mager, R. F. (1997). *Preparing instructional objectives: A critical tool in the development of effective instruction.* Center for Effective Performance.

Mann, S., Furness, T., Yuan, Y., Iorio, J., & Wang, Z. (2018). All Reality: Virtual, Augmented, Mixed (X), Mediated (X,Y), and Multimediated Reality. https://arxiv.org/abs/1804.08386. Zugegriffen: 2. Juni 2020.

Marczewski, A. (2012). Gamification for your company. http://www.capgemini.com/blog/ capping-it-off/2012/03/gamification-for-your-company. Zugegriffen: 11. Aug. 2020.

Marczewski, A. (2014). Defining gamification – What do people really think? http://www. gamified.co.uk/2014/04/16/defining-gamification-people-really-think/#.U_evvGO3umc. Zugegriffen: 30. März 2016.

Marczewski, A. (2018). *Even Ninja Monkeys Like to Play: Unicorn Edition.* Gamified UK.

Marczewski A. (2021). Open Gamification Code of Ethics. https://ethics.gamified.uk/. Zugegriffen: 30. März 2021.

McIntosh, R., Cohn, R., & Grace, l. (2010). Nonlinear narrative in games: Theory and practice. https://www.gamecareerguide.com/features/882/features/882/nonlinear_nar rative_in_games_.php?page=1. Zugegriffen: 27. März 2021.

Milgram, P., Drascic, D., Grodski, J. J., Restogi, A., Zhai, S., & Zhou, C. (1995). Merging real and virtual worlds. *Proceedings of IMAGINA, 95*, 218–230.

Mori, M., MacDorman, K. F., & Kageki, N. (2012). The uncanny valley [from the field]. *IEEE Robotics & Automation Magazine, 19*(2), 98–100.

Nacke, L. E., & Deterding, C. S. (2017). The maturing of gamification research. *Computers in Human Behaviour*, 450–454.

Niermann, P. F. J., & Schmutte, A. M. (Hrsg.). (2013). *Exzellente Managemententscheidungen: Methoden, Handlungsempfehlungen, Best Practices.* Springer.

Niermann, P., & Schmitz, A. (2020). Digitale Disruption. So lernen wir morgen! In M. Harwardt, P.F.-J. Niermann, A.M. Schmutte, & A. Steuernagel (Hrsg.), *Führen und Managen in der digitalen Transformation, Trends, Best Practices und Herausforderungen.* Springer.

Palmas, F., Cichor, J., Plecher, D. A., & Klinker, G. (2019). Acceptance and effectiveness of a virtual reality public speaking training. In *2019 IEEE International Symposium on Mixed and Augmented Reality (ISMAR)*, S. 363–371. IEEE.

Palmas, F., & Klinker, G. (2020). Defining extended reality training: A long-term definition for all industries. In *2020 IEEE 20th International Conference on Advanced Learning Technologies (ICALT)*, (S. 322–324). IEEE.

Palmas, F. (2021). Die Zukunft des Corporate Training: Gamified Extended Reality Training. In A. Orthey, M. Laske, & Schmid (Hrsg.), *PersonalEntwickeln (Loseblatt).* Deutscher Wirtschaftsdienst.

Parrish, P. (2009). Aesthetic principles for instructional design. *Educational Technology Research and Technology, 57*(4), 511–528.

Parrish, P. E., Wilson, B. G., & Dunlap, J. C. (2011). Learning experience as transaction: A framework for instructional design. *Educational Technology, 51*(2), 15–22.

PWC. (2020). The Effectiveness of virtual reality soft skills training in the enterprise: A study. https://www.pwc.com/us/en/services/consulting/technology/emerging-techno logy/assets/pwc-understanding-the-effectiveness-of-soft-skills-training-in-the-enterp rise-a-study.pdf. Zugegriffen: 20. März 2021.

Raveling, J. (2020). Seit wann gibt es die Digitalisierung? Teil I. https://www.wfb-bremen. de/de/page/stories/digitalisierung-industrie40/seit-wann-gibt-es-die-digitalisierung-ges chichte-teil-eins. Zugegriffen: 20. März 2021.

Raybourn, E. M. (2014). A new paradigm for serious games: Transmedia learning for more effective training and education. *Journal of Computational Science, 5*(3), 471–481.

Reiter, W. (2012). Der entscheidende Unterschied zwischen Games und Gamification. www.capgemini.com/blog/capping-it-off/2014/02/video-games-could-help-save-the-world-are-you-ready-to-accept-that. Zugegriffen: 30. März 2021.

Rosa, A. (2018). Il modello dei quattro livelli di Kirkpatrick per valutare la formazione continua. *Lifelong Lifewide Learning, 14*(31), 17–37.

Silber, K. H. (2007). A principle-based model of instructional design: A new way of thinking about and teaching ID. *Educational Technology, 5*, 5–19.

Slater, M., Gonzalez-Liencres, C., Haggard, P., Vinkers, C., Gregory-Clarke, R., Jelley, S., Watson, Z., Breen, G., Schwarz, R., Steptoe, W., Szostak, D., Halan, S., Fox, D., & Silver J. (2020). The ethics of realism in virtual and augmented reality. Frontiers in Virtual Reality, Volume 1. https://www.frontiersin.org/article/https://doi.org/10.3389/frvir.2020. 00001. Zugegriffen: 1. Apr. 2021.

Tracey, M. W., & Boling E. (2014). Preparing instructional designers: Traditional and emerging perspectives. In J. Spector, M. Merrill, J. Elen, & M. Bishop (Hrsg.), *Handbook of research on educational communications and technology.* https://doi.org/10.1007/978-1-4614-3185-5_52

Tinwell, A. (2014). *The uncanny valley in games and animation.* CRC Press.

Verbeke, W., & Bagozzi, R. P. (2000). Sales call anxiety: Exploring what it means when fear rules a sales encounter. *Journal of Marketing, 64*(3), 88–101.

Von Au, C. (2013). Leistung in teams. In M. Landes & E. Steiner (Hrsg.), *Psychologie der Wirtschaft.*

Waltemate, T., Gall, D., Roth, D., Botsch, M., & Latoschik, M. E. (2018). The impact of avatar personalization and immersion on virtual body ownership, presence, and emotional response. *IEEE Transactions on Visualization and Computer Graphics, 24*(4), 1643–1652.

Watson, R. (2014). *50 Schlüsselideen der Zukunft.* Springer.

Werbach, K., & Hunter, D. (2012). *For the win: How game thinking can revolutionize your business.* Wharton digital press.

Wilson, K., & Fowler, J. (2005). Assessing the impact of learning environments on students' approaches to learning: Comparing conventional and action learning designs. *Assessment & Evaluation in Higher Education, 30*(1), 87–101.

Zichermann, G., & Cunningham, C. (2011). *Gamification by Design Implementing Game Mechanics in Web and Mobile Apps.* CA O'Reilly Media.

Zyda, M. (2005). From visual simulation to virtual reality to games. *Computer, 38*(9), 25–32. https://doi.org/10.1109/MC.2005.297

Printed in the United States
by Baker & Taylor Publisher Services